交際是一種習慣

10倍速的人脈經營術

孫大為 ◎著

The Art of Communicatior

前言

有一次我和一個外國朋友聊天，他對我說：「你們台灣人有一樣東西非常有意思，與人交往時，自己要有，也要讓別人有。」

我聽了覺得很新鮮，「這到底是什麼東西？」我好奇地問。

他看著我說出兩個字：「面子。」

聽完他的答案，我不禁啞然失笑。

的確，在我們這個社會裡，面子是一件非常重要的工具，如果你能好好掌握，會讓自己與各種人相處都如魚得水。更為重要的是，只有照顧到對方的面子，才能讓你得到他人的欣賞和喜愛。

不要小看了「面子」問題，它可是一種非常重要的交際手段。有人因為「面子」，一意孤行、固執己見，對別人的勸說和批評置之不顧，結果一步步朝著錯誤的深淵走近；有人因為「面子」和別人爭得臉紅脖子粗，甚至互相謾罵、大打出手；即便是朋友，也會因為「面子」鬧得非常不愉快，直至反目成仇……。

給人面子，並不是要你卑躬屈膝、逢迎拍馬，那反而讓人覺得你是個不誠懇的人。最主要的就是在對方尷尬的時候、在對方感覺沒面子的時候，主動地給對方一個台階下。

如果你想要在交際中贏得別人的好感、在社會中占有一席之地，那你就一定要注意隨時隨地給對方台階下。

有人因為沒有給別人一個台階下，結果到手的生意就為了那麼一點不起眼的小事，被別的競爭對手搶走了；有人因為沒有給別人一個台階下，結果被別人懷恨在心，在遭到對方報復的時候，還不明白是怎麼回事；有人因為沒有給別人一個台階下，結果失去了寶貴的友情、愛情，引起周圍朋友對他的不滿。

給別人一個台階，可能只是很簡單的一件事情。也許只是你主動地為對方打開前面的門；也許只是你為他人泡上一壺茶；也許只是你為對方說上一句話；也許只是你的一個微笑、一個眼神……，任何一個細微的行為都有可能幫助到對方，而這些都只是你的舉手之勞而已。隨時給人面子、給人台階，交際，就是這麼簡單，只要你稍加留心，它就能成為你的習慣。

給對方一個台階，會讓對方感覺到他在你的心中占有重要的地位，人們對於這樣的感受都會非常高興，如果你能夠給他這種感受，那麼他自然而然就會喜歡你、自然而然就會幫助你，而且他還覺得很感謝你。

舉手之勞，也許對於對方來講，就是銘記一生的感激，你又何樂而不為呢！

Contents

第一章
贏得友誼的重要

朋友之間往往會因為友誼而有些不知分寸，
所以在朋友面前有些忘乎所以，
但是，如果讓朋友傷了面子，
志同道合的朋友也會反目成仇。

尊重是友誼的基石

交友，要寬以待人，嚴以律己。寬以待人，便是對人要寬厚容讓、和氣、大度；嚴以律己，就是要嚴格約束自己，做事盡量減少差錯。

蘇東坡年輕的時候有一個朋友名叫章惇，後來做上了宰相，執掌大權。他把持政局時，把蘇東坡發配嶺南，又貶至海南。後來，蘇東坡遇赦北歸，章惇正垮臺被放逐到嶺南的雷州半島。蘇東坡聽到這個消息，給章惇寫了封信，說：「聽到這個消息，我很驚嘆，這麼大年紀還得浪跡天涯，心情可想而知，好在雷州一帶雖偏遠，但無瘴氣。」一面安慰章惇的老母親，一面對他兒子說過去的就別提，多想想將來云云。可想而知，蘇東坡如此大度，章惇自是羞愧不已，一家人都對他心存感激。

蘇東坡的胸懷就是比一般的人寬廣，對一個幾乎將自己置於死地的人，在他落難時還能盡朋友之責。人們常將一句古諺寫成「無毒不丈夫」，其實這句話原本的全貌是「量小非君子，無度不丈夫」。

另外，一個人不僅要自己的胸懷寬廣、度量恢宏，更要注意朋友的自尊。一個人如果損失了金錢還可以再賺回來，一旦自尊心受到傷害，問題可大了。因為心靈受了傷害，就不是那麼容易彌補的。也許你並無傷友之意，但往往由於一句話或一件事而傷害了別人，甚至可能為自己樹起了一個敵人。

中山是戰國時代的小國，一次，國君設宴款待國內的名士，正巧羊肉羹不夠，無法讓全場的人都喝到。司馬子期因沒喝到羊肉羹而懷恨在心，他跑到楚國，用計勸楚王攻打中山。楚是強國，輕而易舉地就攻破中山。國君外逃時，發現有兩人拿著武器一路保護他，他問這兩個人來幹什麼，他們答道：「我父親因您賜他一盤食物而免於餓死，他去世前叮囑，要我們必須竭盡全力報效您。」國君聽罷，感嘆說：「給的東西不在乎多少，而在於別人是否需要；施怨不在深淺，卻在於你是否傷了別人的心。我因一碗羊肉羹亡了國，卻因一盤食物得到兩位勇士。」

從這則典故中可以說明，朋友的自尊傷害不得。現在的人越來越強調個性，好勝心極強，常常把事做「絕」，直到表明自己的正確或勝利才罷手，如此難免傷害感情。其實在一些小事小節上，你大可讓朋友「贏」上一把、照顧一下友人的自尊，這也是一個獲得多方面好感的機會。

一位先生在閒暇時找朋友對弈、聯絡感情。一上手，他就對朋友猛攻猛殺，搞得朋友顧前不顧後，十分緊張。而且，他自以為棋術高超，故意露了一個破綻，朋友發現，立即進攻，不想他使出殺著，還得意地說「你死定了」。把朋友弄得灰頭土臉，朋友自然大不高興。此後，這位先生再去找朋友，人家就一副愛理不理的樣子，再不肯與他下棋，他卻始終不明白為什麼。

沒有尊重就沒有友誼，就像沒有基石不可能築起大廈一樣。若是旁若無人地使自己出盡風頭，一味地過癮，不僅得不到友情，還會傷了友人的自尊心。

「對不起」的妙用

「對不起」這三個字看來簡單，可是它的效用，卻非別的字眼所能比擬。可以說，這三個字能使強者低頭、能使怒者消氣。可是，有多少人知道它的效用，懂得充分利用呢？

在車上誤踩了旁人一下，說聲：「對不起！」被踩的人自然不計較什麼了。人的心理是這樣，對於許多事情皆可原諒。若他已經吃虧，你還不承認過失，好像他的吃虧是咎由自取似的，那麼他就無法原諒你。

消弭惡感、避免傷害對方的感情，聰明的方法是自己謙遜一點。自己有過失的時候立刻道歉，別人便會原諒你，過而不認，就難怪對方生氣。常見許多口角變成打架，或因一兩句話就釀成命案的，多由此起。

「對不起」三字，意思無非是讓別人占上風，你讓他占上風了，還能有什麼更大的要求呢？息事寧人，莫善於此。欲與夫妻不失和、朋友不交惡，這三字真是預防的靈藥。古人教人要「夫妻相敬如賓」，對人要「恭敬謙和」，也無非叫你多說幾聲「對不起」而已。

當你在戲院裡經過別人的座位時，先說聲「對不起」，那麼對方一定不會把眉梢皺起；如果你招呼顧客時多說兩聲「對不起」，那交易也常會成功。

當然，我們必須注意的是：凡說話一定要出自真誠，須有一顆善良的心，這句話才會發生奇效，若你專以此為手段來達到目的，以為老是將「對不起」放在嘴邊便可以為所欲為，那就大錯特錯了。

朋友間應有的距離

1. 距離產生美

交友是人生一大樂趣，一旦遇到知己，便想越來越好。道家「雞犬之聲相聞，老死不相往來」這種「小國寡民」想法是一種極端的疏，雖不可取，但交友也不宜過分親密，到了不分你我的親近程度。凡過分親密必生摩擦、出矛盾，於是出言不遜、棍棒相加、雞犬不寧。調查一下鄰里關係不和諧的人家，你會發現他們大都曾經有過親密無間的往來史。所以朋友之間相處，特別是好朋友之間也需要掌握好分寸、火候，若即若離，不失為一種和諧之交。

「君子之交淡如水，小人之交甜如蜜」，這是莊子在論述交友之道時說的一句話。這句話的意思是，朋友之間的關係不可太過密切，比如你有事去找朋友，到朋友屋前時，恰好聽到裡面有人在和朋友交談，這時你該怎麼辦？有人會想，既然是朋友，乾脆推門進去就是了。其實不然，雖然是朋友，但你冒昧而入，打攪了人家談話，其結果通常是不好的。因此你應該悄悄離去，另外再找合適的機會，或者去朋友家拜訪之前先打個電話約好時間，不能認為是朋友就可以隨時登門。如果能做到這一點，朋友關係一定會牢固持久。

與「君子」相對立的是「小人」。莊子指出：「小人之交甜如蜜」。這是講人與人之間的交往，倘若像甘飴一般地黏住對方，剛開始交往時雖然很要好，可是時間久了關係就會疏遠。因此，交朋友要保持一定的距離，給自己同時也給對方留下回味的餘地。

《菜根譚》的作者洪自誠在論交友時也說：「交友須帶三分俠氣。」俠氣須壓制三分，即與朋友相處，需要保持適當距離，不要過分地親密，俠氣如果發揮到了八分、十分的地步，往往容易造成兩敗俱傷，如此友誼便無法永久持續。

朋友之間，在非原則問題上應謙和禮讓、寬厚仁慈，多點兒糊塗無妨，但在大是大非面前，則應保持清醒，不能一團和氣。見不義不善之舉應阻之正之，如力不至此，亦應做到不助之。如果明明知道他人在行不義不善之事，卻因對方是長輩、上司、朋友即默而容之，這就是一種很自私的趨避。有時候，立定了腳跟做人，的確是會冒風險的，也可能會受到暫時的委屈，受到別人的不理解，但是這種公正的品德，最終會贏得人們的尊敬。

2. 不能過分依賴朋友

在生活中，你隨時可以看到孩子反抗父母的現象，這是父母企圖控制孩子的全部生活；同時，你也可以看到，有的父母為不能走出自己懷抱的孩子發愁。

朋友之間也存在著這種現象，但很少有人願意承認。沒有人對你明說，你是某種意義的控制者或依賴者，你希望這些不屬於友誼的範疇，只不過是習慣罷了，可是它卻影響著你與朋友的關係。如果你擺出控制者或依賴者的架勢，就不可能體會友誼的真正含義，你也不是一位真正的朋友，因為友誼應是建立在雙方平等、互相幫助、有來有往之上的。

小美坐在客廳裡，緊握著拳頭氣憤地說：「我永遠也改變不了她，我一錯再錯！」小美所指的她，是一次又一次地成功勸她做這做那的朋友嘉莉。這一回，她又聽了嘉莉的意見，把她的廚房貼上一層最新式的紅白條紋壁紙。「我們一塊去商店選中了這款壁紙，因為嘉莉喜歡，說這壁紙能使整間廚房亮起來，我聽了她的話。而現在，是我在這個條紋式的牢房裡做飯。我討厭它！」「我怎麼也不習慣，這一折騰，既浪費了錢，又一時無法改變。」

小美意識到自己不僅是對選壁紙一事憤怒，更主要的是氣憤自己又受了嘉莉的擺佈，嘉莉認為她的廚房黑暗，給人憂鬱感，而壁紙能使它亮起來。同樣也是嘉莉，說小美的兒子太胖了，勸她叫兒子節食，還說她的房子太小，使她為此又花了一筆錢。起初，她認為嘉莉在許多方面都是專家，就像孩子崇拜父母一樣崇拜她。

可是漸漸地，小美意識到自己越來越不愉快，她懷疑自己的憂鬱症來自朋友。其實這個問題的關鍵在於——小美沒有學會尊重自己的意見。

過去她的意見總要先受嘉莉的審查，或者某個類似嘉莉的人物的審查。後來她有了進步，有一次跟嘉莉去逛街買鞋時，儘管嘉莉說：「鞋跟太高，價格也太貴。」她還是買了，「因為我喜歡，你可以想像當時嘉莉的臉色多難看！」最有趣的是，最後嘉莉自己也買了一雙同樣的鞋，因為款式很時髦。

小美現在所做的調整，只是與另一個女人的關係的界限，她仍然把嘉莉當作好朋友。中斷友情或逃避現實都不能解決她的問題，因為還會有別的嘉莉，她還必須跟她們處理好關係，她還需要經過幾個階段的努力，才能完全擺脫嘉莉式的控制，她們才能成為平等的真心朋友。

並不是每個人都有類似的朋友，在特殊的情況下，有的人願意受朋友控制是因為他缺乏主見，產生了對朋友的依賴，而過分的依賴會讓朋友產生厭煩感。

蘇珊是位年輕婦女，她願意讓一位朋友擺佈她的生活。與小美不同的是，小美不是主動要求受擺佈，蘇珊卻是主動要求受控制。當她的垃圾處理裝置出毛病後，她給好朋友阿莉打電話，問她怎麼辦。訂閱的雜誌期滿後，她也去問阿莉是否再繼續訂。有時她不知晚飯該吃什麼時，也打電話給阿莉詢問意見。阿莉一直像個稱職的母親一樣，直到有一天出了亂子，那天阿莉的兒子摔了跤，胳膊上受了傷需要縫針。由於非常疲倦，阿莉嚴厲地說道：「天啦！看在上帝的分上，蘇珊，妳就不能自己想想辦法？就這一次！」說完就掛了電話。

蘇珊對阿莉的拒絕感到迷惑不解，她說：「我還以為阿莉是我的朋友呢。」如果連很小的問題你也要聽朋友的意見，那你就是剛學走路的小孩子，不過如果能認識到這個誤區，你成熟得就會快些。

3. 不要苛責朋友

有的人對朋友有依賴感，經常聽取朋友的意見，把朋友的建議作為行動的催化劑，但事後又把責任歸罪於這個無辜的建議者，這種情況，有時竟達到荒唐的地步。

有這樣一個例子：一個人寫了一部小說，請幾位朋友看了並希望他們提供意見。他總是認真考慮這些建議是否重要、有無價值之後才採納。他有一位在出版社工作的朋友好心告訴他，說他應該聘僱一位出版代理人，說這是推銷書的最好辦法。他採納了這個朋友的意見，很快地列出一串代理人的名單。之後的幾個月，他拿著手稿逐一去找這些代理人，而不去找圖書出版商。

可是每次代理人總是讀了他的作品以後說不行，又把稿子退給他。這樣往返多次後，他發現這些人根本就沒把他這樣的新作者放在眼裡。他責備那個給他建議的朋友，說他故意害他，讓他徒勞一場，卻絲毫不從自己身上找原因，從不去想作品的品質是否合格。

常識告訴我們，如果我們願意採納別人的意見，就應該對自己的行為負責。即使對方的意見有錯，也不應責備對方。實際上，如果我們不允許，朋友根本無法控制或者破壞我們的生活，掌握自己命運的是我們自己而不是別人。

4.「朋友」也不可輕信

經濟活動的擴大、社會交往的增多，使「朋友」在當代不能不看好。俗語說：「多個朋友多條路」。其實「朋友」不僅是「路」，更是資訊、是聲勢、是捧月眾星，也是成交的鵲橋，躲難的法寶，但有時也是一劑足以讓你失去判斷力的迷藥。

「朋友」的朋字是兩彎相映的明月組合，講究一個肝膽相照，義字當先，可惜當今正為「利」字浸泡。如今，有些「朋友」確實像一些按摩情感的騙子和強盜！像是朋友間合夥開店、集資開工廠，有幾個不是虧則扯皮拉筋，賺則打鬥紅眼的？因此在生意場上交朋友，一定要提高警惕，擦亮眼睛，謹防上當受騙！

給貪圖小利的人一點面子

現實生活中，不管是誰都喜歡和那些豪爽熱情、慷慨大方的人交往，不願意同貪小利者打交道。這種心理無可非議，然而這樣做，也存在一些問題——對自己縮小了交際圈；而對貪小利者則陷入「孤獨一枝」，對工作、對事業彼此都不利。

社會心理學家告訴我們，一個人的行動與動機，並非完全是一對一的，它們之間存在著錯綜複雜的關係。一般來說，貪小利者有兩種：一種是受生活習慣所影響；另一種是受生活觀念所支配。因此，與不同心理狀態的貪小利者相處，就應持不同的態度，用不同的鑰匙去打開他們的「心鎖」。

有一些人貪小利的毛病是受社會環境（尤其是家庭環境）的影響，而形成的一種生活習慣。這種人往往缺乏遠大的理想，胸無點墨，生活作風隨便，自尊要求低，得過且過，不求上進。這種人一般心地不壞，而且性格內向、毫無隱諱，容易深入瞭解。

同這種貪小利者打交道，要注意正面引導，引導他們在學習上和工作上下功夫，以提高其理想層次。理想層次提高了，自尊的要求就會隨之增長，貪小利的毛病便會相應地得到克服。對這類人貪小利的毛病切不可姑息，對他們姑息只會加重這種不良生活習慣。另外，也不可對他們進行諷刺挖苦，因為諷刺挖苦會影響其自尊需要的提高。

還有一種貪小利的人，他們的行為是受一定意識形態支配的，其貪小利行為反映著其生活觀念。這種人往往具有比較特殊的生活閱歷，在生活中受過磨難，生活觀常常表現為以自我為中心。

同這類貪小利者打交道，採取一般化的說理方法，是無法解決其觀念形態問題的，應真誠地與之相處，用自己的博大胸懷去感化他們。在工作、學習、生活中，真誠地、無微不至地去幫助他們，使他們在自己的行動中得到感化。

比如外出時，熱情地拉著他，坐車、吃飯、看電影等等都爭著花錢，而且對他從不表現出不滿與鄙視，平時又總是講一些他所欽佩的人如何寬宏大度、不計個人得失的事例，使他逐漸地意識到自己的不足。

貪小利不管出自哪一種心理狀態，冰凍三尺，非一日之寒，要他們一下子就改掉並不現實，只能潛移默化。如果一個人去感化猶嫌力量不足，可動員一些和他要好的朋友來共同感化他。當貪小利者真正理解你的真誠後，他會永遠感激你的，由此所建立起來的友誼，也一定是純潔、牢固。

面子很重要

小王是我的好朋友，在技術部門的時候是個一級天才，後來調到管理部門當主管後，卻發現非其所長，不能勝任，但公司又不願傷他自尊，畢竟他是個不可多得的人才——何況他還十分敏感。於是，公司又給了他一個新頭銜：業務諮詢主任工程師，工作性質仍與原來一樣，而讓別人主管管理部門。

小王當然很高興，因為他既得到了升遷，又能從事自己喜歡的工作。公司主管也很高興，他們終於把這位脾氣暴躁的小夥子遣調成功，沒有引起什麼風波——因為他仍保留了面子。

在我們的社會裡，保留他人的面子、給別人一個台階下是非常重要的事情，可是人們卻很少會考慮到這個問題。人們常喜歡擺架子、我行我素、挑剔、恫嚇、在眾人面前指責他人或雇員，沒有考慮到是否傷害了別人的自尊心。其實，只要多考慮幾分鐘，講幾句關心的話，為他人設身處地想一下，就可以避免許多不愉快的場面。

所以當你必須指責他人，或處理解雇及懲戒事項的時候，不要忘了給人留面子這一點。

美國的一位會計師曾說：「解聘別人並不有趣，被人解雇更不有趣。我們的業務是季節性的，所以在所得稅申報熱潮過了之後，我們得讓許多人走路。

「我們這行有句話說：『沒有人喜歡揮動斧頭。』因此，大家變得麻木不仁，只希望事情趕快過去就好。通常例行談話是這樣的：『請坐，亞當斯先生。旺季已經過去了，我們沒有什麼工作可以給你做。當然，你也清楚我們只是在旺季的時候雇用你，因此……。』

「這種談話會讓當事人失望，而且有種傷害尊嚴的感覺，所以除非不得已，我絕不輕言解雇他人，而且會婉轉地告訴他：『亞當斯先生，你的工作做得很好（如果他的確做得很好）。上次我們要你去華盛頓，那工作很麻煩，而你處理得很好，一點也沒有差錯，我們要你知道，公司很以你為榮，也相信你的能力，願意永遠支持你，希望你別忘了這些。』結果，被解雇的人覺得好過多了，至少不覺得『損及尊嚴』。他們知道，假如我們有工作的話，還是會繼續留他們做的，或是等我們又需要他們的時候，他們還是很樂意再回來。」

在我們這個社會，面子是很重要的，千萬不要當著眾人的面去指責一個人，在懲罰、解雇他人時更要給人留面子。

縱使別人犯錯，而我們是對的，如果沒有為別人保留面子、給別人一個台階下，就會毀了一個人。要改變別人而不觸犯對方或引起反感，給人留面子、給別人一個台階下是最好的辦法。

喧賓奪主要不得

一位分公司的公關經理曉佩，她在商場上有很高的聲譽，前些天聽朋友說她因一件小事而被迫辭職，我感到非常驚訝，後來經瞭解才知道事情的始末。事情是這樣的：總公司的幾位最高主管決定舉行宴會，除了子公司的總經理及一些要員外，總公司的要員當然也少不了，再加上一向合作無間的大客戶，宴會是非常的盛大。

作為公關經理的她喜歡以女強人自居。在任何方面，她的屬下都幹得非常出色，這也是她引以自豪的。不知是否被勝利沖昏了頭腦，她在一些宴會中，鋒頭有時竟凌駕於總經理之上。由於總經理是一位好好先生，在不損及自己利益的情況下，每每讓她發言。

宴會當晚，她周旋於賓客間，的確令現場氣氛甚為歡樂。直至分別由總公司的高層主管及分公司的總經理致詞時，她在旁邊逐一介紹他們出場。輪到她的上司，即子公司總經理，她不知什麼原因，在介紹總經理之前，自己竟先說了一番致謝辭，感謝在場客戶一貫的支持。雖然才短短的三言兩語，已讓總公司的主管皺眉，因為她負責的只是介紹上司出場，並非獨立發言。

在宴會中，總公司主管與她交談，發現她提及公司的事時，都以個人主見發表，全不提及總經理的想法。給人的感覺是，她才是分公司的最高主管。結果，分公司總經理被上級邀請開會，研究他是否堅守自己的職位，而非疏懶由公關經理代為處理日常業務。最後，她終於自動辭職，原因是她認為被總經理削權，卻不知道是自己的鋒芒太露，喧賓奪主。

作為部屬，你的任務主要是協助上司，在單位最高層人物的眼中，你的部門做出的成績，自然也是公司主管領導下的成果。部屬盡力完成上司指派的工作是分內的事，假如你硬要出風頭，只會讓人覺得你不自量力、不識大體。

另一方面，如果你鋒芒畢露，上司會從心理上感到壓抑、煩躁，在感情上會很反感，你就會變成上司的心腹之患，即使不會陷害你，你以後也別想有更大的發展了。就像曉佩那樣，因為她過於越位的表現，導致總公司懷疑她的上司是否失職，即使她的上司是個好好先生，也會採取行動保全自己。

向前走兩步

二次世界大戰期間，美國太平洋戰區司令官布萊德雷將軍，有次奉命執行一個危險而緊急的任務，於是他立刻召集手下將士，排成一個長列。

「這次我們的任務既艱鉅又危險！」布萊德雷看了大家一眼，「哪位願意冒險擔任這項任務，請向前走兩步……。」

此時適逢一位參謀遞給他一項最新的戰報，於是布萊德雷和對方交頭接耳了片刻，等到他處理完戰報，再面對行列中的眾將士時，發現長長的隊伍仍是條直線，沒有一個人比旁邊的人多向前兩步。

他這時再也按捺不住了，「養兵千日，現在情況緊急，竟然一個人都沒有……。」

「報告司令！」只見站在最前排的人滿臉委屈地說道：「我們每個人都向

前跨了兩步……。」

布萊德雷將軍意識到，自己錯怪了這隊勇敢的士兵。

在日常生活中，我們常在還沒分清青紅皂白時就急著批評別人，等到發現傷害了人家的情感、自尊和面子時，經常為時已晚。所以在批評別人之前，一定要先全面瞭解、掌握情況。

在批評的苦藥上加一層糖衣

一般人認為，遭受批評肯定是苦的，是一件丟面子的事，因為「苦」，受批評者往往要產生抵觸情緒，使批評的效果大打折扣，即批評的負效應。有些人能夠很恰當地把握批評的方法尺度，使批評達到春風化雨、甜口良藥也治病的效果。

美國南北戰爭時期，某部屬向林肯總統打聽敵人的兵力數量，林肯不假思索便答：「一百二十萬至一百六十萬之間。」部屬又問其依據何在，林肯回答說：「敵人多於我們三、四倍。我軍四十萬，敵人不就是一百二十萬至一百六十萬嗎？」

為了對軍官的誇大敵情、開脫責任提出批評，林肯巧妙地開了個玩笑，藉調侃之語嘲笑了謊報軍情的軍官，這種批評顯然比直言不諱的指斥要好多了。

其實，許多時候批評的效果往往不在於言語的苛刻，而在於形式的巧妙，正如一顆藥加上一層糖衣，不但可以減輕吃藥者的痛苦，也使人願意接受。批評也一樣，如果我們能在必要的時候給其加上一層「外衣」，同樣可以達到「甜口良藥也治病」的目的。

身為父母，在責備孩子的時候也應該採用這一原則。毋庸置疑的，任何父母對孩子都有很高的期望，早早便已替孩子的未來描繪好自己心裡所想的輪廓。實際上，這往往變成父母的一廂情願，孩子完全無意照他們的想法行事。每當面臨這種情況時，大多數的父母常忍不住如此責怪小孩：「你為什麼不聽我的話？」、「你現在不聽話，將來沒出息可別怨我！」

這些話能不能算是責備呢？誠如以上所強調，所謂責備乃是為了改變現況，使將來變得更好。

若以這個觀點來看上面兩句話，顯然只是生氣的語言罷了。事實上，責備若單純地只是一種生氣的行為，人們就不需為它大傷腦筋了。在責備他人時，我們至少得考慮到三件事：

1. 如何使對方能率直接受
2. 如何讓對方激起更高的意願
3. 怎樣才不會傷及對方的自尊

在責備他人之前若能先考慮到上列幾項，便不致使用過於嚴厲的話語，像翻舊帳般地施予對方無情的抨擊。

而當責備的對象是小孩時，事前更必須瞭解到一項事實，那就是應讓小孩在挨罵時「明白自己為什麼挨罵」。

此時，有兩點必須讓小孩知道：

1. 做哪些事時父母會有哪些想法
2. 做壞事時父母絕不會稍加寬容

將這些事情交代清楚之後，下次責備孩子時，就能讓他從錯誤中學習，知道收斂、改變自己的行為。

所以，責備絕非僅把想說的話說出口，如何讓對方接受更為重要。就像在工作場所指點部屬一樣，務必告訴對方缺點何在，使他願意改進，這才是責備的目的。

批評的實用技巧

1. 透過討論和誘導指責別人

北卡羅萊納州的凱薩琳．亞爾佛瑞德是一家紡紗工廠的工業工程督導。她職責的一部分，是設計及保持各種激勵員工的辦法和標準，以使作業員能夠生產出更多的紗線，使工廠能賺到更多的錢。

在他們只生產兩、三種不同紗線的時候，他們所用的方法還很不錯。但是不久前他們擴大產品專案和生產能量，以便生產十二種以上不同種類的紗線，原來的方法便不能以作業員的工作量而給予她們合理的報酬，因此也就不能激勵她們增加生產量。

凱薩琳已經設計出一個新的辦法，使管理階層能夠根據每一個作業員在任何一段時間裡所生產出來的紗線等級，給予她們適當的報酬。

設計出這套新辦法之後，凱薩琳參加了一個會議，她決心要向廠裡的高級主管證明自己的辦法是正確的。她詳細地說明他們過去用的辦法是錯誤的，並指出他們不能給予作業員公平待遇的地方，以及她所準備的解決辦法。但是，凱薩琳完全失敗了。她太忙於為自己的新辦法辯護，而沒有留下餘地，讓高級主管能夠不失面子地承認老辦法上的錯誤，於是她的建議也就胎死腹中。

在學習了幾堂卡內基訓練課之後，凱薩琳總算深深地瞭解了自己所犯的錯誤。她請求召開另一次會議，在這一次會議之中，她請高層主管說出問題到底出在什麼地方，並請他們說出最好的解決辦法。

在適當的時候，凱薩琳以低調的建議引導他們按照自己的意思把辦法提出來，等到會議終止的時候，實際上也就等於是凱薩琳把自己的辦法提出來，而高層主管也熱烈地接受這個辦法。

凱薩琳說：「我現在深信，如果你率直地指出某一個人不對，不但得不到好的效果，還會造成很大的損害。你指責別人只是剝奪了別人的自尊，並且使自己成為不受歡迎的人。」

2. 先引起對方的興趣

查理是個自尊心很強的男孩子，每次老師出論文題目時，他都很認真地去寫，成績也相當出色。但有一次老師發現查理的論文內容不好，沒有寫出他真正理解了的東西。怎麼辦呢？如果直截了當地說出來，會使查理非常難堪，於是老師心生一計，他把查理找來，絕口不提論文的事，而是問查理對什麼最有興趣？查理說最喜歡狗，老師說：「很湊巧，我也很喜歡狗。」接著，他們從各個角度談起了狗，竟然談了一個半小時。到最後，查理表示，「我應該換個主題來寫那篇論文，現在我差不多已經有了新的構想，就是剛才我們談到的關於『寵物』的問題，我想這次我一定能把它寫好。」果然，查理的新論文從「寵物熱」這一角度入手，分析了現代家庭問題，寫得相當出色。

查理的老師沒有直接告訴查理論文需要重寫，而是採取了鼓勵暗示的方法，從對方身上引出話題，讓他自發地暢談，最終達到其「自我否定、自我改善」的結果。這種指導方式既不致使對方不愉快，還會激起他新的興趣，充滿自信心地改正缺點和錯誤，這是批評人的一個良好模式。

3. 換個方法說

一位美國父親的記述讓我們佩服他說服兒子的技巧，以下是其內容。

昨天晚上，我太太拿電話帳單給我看，「瞧瞧，兒子在我們去歐洲的時候打了多少長途電話！」她指著其中一項，「單單這一天，這一通，就打了一小時又四十分鐘。」「什麼？這還得了！」我立刻準備上樓去說他。

可是，我才剛站起來，又坐下了，我想自己在氣頭上，還是不說的好，而且兒子這麼大了，我要說，也得有點技巧。

我把話忍到今天，中午吃飯的時候，我對兒子笑著說：「你馬上要回學校了，查一查資料，找一家長途電話費費率最低的電話公司。」然後，又來個急轉彎，「咳，其實你上博士班，恐怕也沒有時間打，我是多操心了。」

「是啊，是啊。」他不好意思地說：「你是不是看到了我上個月的電話帳單？那陣子因為要回英國，一大堆事急著聯絡，所以確實打多了。」

吃完飯，我很得意，覺得自己把要說的「省錢、少打電話、別誤了功課」這些話，全換個方法說了，卻沒一點不愉快。

4. 警告別人時不要指出缺點，而要強調如果糾正過來會更好

有位公司主管慨嘆糾正別人錯誤實在難，他只是指出對方的缺點加以批評而已，可是部屬不是猛然反抗，就是越變越壞。

有位棒球教練在糾正選手動作時，不說「不對，不對！」而說「大致上不錯，如果再糾正一下的話，結果會更好。」他並非否定選手，而是先加以肯定再修正。也就是說先滿足對方的自尊心，然後再把目標提高。如果只是糾正、

警告的話，只有徒然引起選手的反感，不會有任何效果可言。

5. 漸進式批評

漸進式批評就是逐漸輸出批評資訊，有層次地進行批評。這樣可以使被批評者對批評逐漸適應、逐步接受，不至於一下子結束談話，或因受批評背上沉重的想法包袱。

6. 請教式批評

有一個人在一處禁捕的水庫內網魚。遠處走來一位員警，捕魚者心想這下糟了。員警走近後，出乎意料的不僅沒有大聲訓斥，反而和氣地說：「先生，您在此下網，下游的河水豈不被汙染？」這情景令捕魚者十分感動，連忙誠懇地道歉。若是員警當初責罵他，那效果就不一樣了。

7. 模糊式批評

某公司為整頓勞動紀律，召開員工大會。會上主管說：「最近一段時間，我們公司的紀律總體來說是好的，但也有個別同事表現較差，有的遲到早退，也有的上班時間聊天……。」這裡，用了不少模糊語言：「最近一段時間」、「總體」、「個別」、「有的」、「也有的」等等。這樣，既照顧了面子，又指出了問題。它沒有指名實際上又是指名，並且說話又具有某種彈性，通常這種說法比直接點名批評效果更好。

年輕的莫泊桑向著名作家布耶和福樓拜請教詩歌創作時，兩位大師一邊聽莫泊桑朗讀詩作，一邊喝香檳酒。布耶聽完說：「你這首詩，句子雖然有些坑坑巴巴，像塊牛蹄筋；不過我讀過更壞的詩，所以這首詩就像這杯香檳酒，勉強還能吞下。」這個批評雖嚴厲，但留有餘地，給了對方一些安慰。

別想在爭辯中獲勝

十九世紀時，美國有一位青年軍官因為個性好強，總愛與人爭辯，所以經常和同僚發生激烈爭執，林肯總統因此處分了這位軍官，並說了一段深具哲理的話：「凡能成功之人，必不偏執於個人成見。與其為爭路而被狗咬，毋寧讓路於狗。因為即使將狗殺死，也不能治好被咬的傷口。」

記得我大學剛畢業時，有一次參加朋友的婚禮，席間有一位年輕人在說明新郎與新娘的關係時，用了「青梅竹馬」這個成語，但他為了誇耀自己的博學，還唸出了這首詩：「郎騎竹馬來，遶床弄青梅。」不過，這位年輕人卻搞錯了，他所唸的這首詩是唐代詩人李白所寫的，他卻誤以為是宋代女詞人李清照所寫的詩，可能因為這首詩蘊含的感情深厚，害得他誤會是出自女性作家之手。

也怪我當時年輕氣盛，又認為中國文學是我的特長。為了誇耀這點，我毫不客氣地當著眾人的面糾正那人的錯誤；可是不說還好，這樣一說，那人反倒更加堅持自己的意見了。

就在我和他爭論不休時，恰巧看見我的大學老師坐在隔桌，我的這位老師是專攻唐代文學的博士，現在任教的課程也都是和詩有關，於是我和那年輕人去見我的老師，他也聽過老師的大名，所以同意讓我的老師當裁判。我和他都把各自的觀點說完，老師只是一直靜靜地聽著，然後在蓋著桌布的桌下，用腳輕踢了我一下，態度莊重地對我說：「你錯了，那位先生說的才對。」

回家的路上我越想越不服氣，我不相信老師這麼有學問的人，竟也會忘記這首詩。於是我一到家就從書架上找出《唐詩三百首》，第二天我連班都不上了，拿著書去學校找老師，要他還我一個公道。在教授研究室裡我遇上了老師，還沒等我把書拿出來，老師就先說了：「你昨天說的那首詩是李白的長干行，一點也沒錯。」這時我更納悶了，老師看了看我溫和地說：「你說的一切都對，但我們都是客人，何必在那種場合給人難堪？他並未徵求你的意見，只是發表自己的看法，對錯根本與你無關，你與他爭辯有何益處呢？在社會上工作別忘記這點，永遠不和人做無謂的爭辯。後來「永遠不和人做無謂的爭辯。」這句話成了我的座右銘。儘管我和老師已多年不見了，但我永遠記得他當時說這話的神情，這句話至今仍然深深地影響著我。

在辯論結束之後，爭論的雙方十有八九比原來更堅持自己的論調。我們能在辯論中獲勝嗎？永不可能，因為假如我們辯論輸了，那便是無話可說；就算是贏了，一樣也是「輸」。為什麼呢？如果我們贏了對方，把他的說法攻擊得體無完膚，那又能怎樣呢？就算我們得到一時的勝利，那種快感也維持不了多久。相反的，如果對方在辯論中輸了，肯定會認為自尊心受損，日後找到機會，必然又是報復。因為一個人若並非自願，而是被迫屈服，內心仍然會堅持己見。

每當我們要與人爭辯前，不妨先考慮確認一下，到底我要的是什麼？一個是毫無意義的「表面勝利」，一個是對方的好感。這兩件事就如孟子所說「魚」與「熊掌」不可兼得。你需要的是什麼呢？

給他人留條路

某天，我的朋友看上一棟大樓並想在那裡開餐廳，透過仲介與房東交涉，後來經過市場調查發現，這裡的生意可能不會很好，所以我朋友就無意承租。想不到房東卻跑來跟我朋友說：「因為你，我才想把大樓租給你，你怎麼談到一半就放棄了呢？」由於那個人在當地頗有勢力，所以在沒有辦法之下，我那朋友只好承租了，結果不出所料，這家餐廳因地點欠佳，開業後即虧損累累，於是我朋友向對方提出不再續租的要求。

這一次，房東說：「當初是你執意要租，我才租給你，如果你不再續租，以後也沒有人會租了，所以你的要求我不答應。」我的朋友告訴他，保證金、押金他都不要，只想離開那個地方。房東略為思考後點頭應允，不過要我朋友把店中的桌椅留下來給他，看來他好像有意接手經營這家餐廳。

「好，我將桌椅留下來。」我的朋友答應他並想結束談話，誰知房東居然進一步要求我朋友幫他介紹一位經理管理餐廳，這時我朋友生氣了，決定要給他一點教訓，於是他把連鎖店當中業績最差的三位經理送過去，而他們也向那人表示會努力工作。

果不其然，新店開張後的第二個月，正值年底最忙碌之時，那個房東突然跑來對我朋友說：「孫先生，不得了啦！」原來那三人雖然很盡忠職守，工作能力卻非常差，情況就如同當初預期那般，不過我朋友告訴他，這只是按照他的意思介紹人給他，其餘一概不負責而拒絕了他的其他請求。

儘管這事我的朋友也有損失，但我想那個人的損失更大。其實如果一開始他滿足於自己所擁有某一程度的要求，我朋友就會心平氣和地幫他，結果彼此皆能獲利。但是他只想到自己且一心要把對手連根剷除，最後反使自己掉入泥沼中。俗語道：「得饒人處且饒人。」無論如何，凡事都應適可而止，給自己留一條後路。

我們在一些談判或「溝通」的場合中，常常看見一些熟諳法律或人情事故的人，動輒以恐嚇、要脅為手段來逼迫對方就範，這是一種十分不明智的行為，這些人自以為熟諳法律規章或人情事故，在溝通尚未展開或開始不久就提出「訴諸法律」或「要對方好看」的恐嚇，自以為對方會因畏懼而答應自己的要求，但是，這可能嗎？就算對方在你的「淫威」下屈服，他們的「歸順」也不會長久，恐怕他們的報復行動也會使你面臨四面楚歌的局面。

假如你遇到一位有經驗的人，那就更慘了。他們對你的威逼恐嚇是不會驚慌畏縮的，他們早就洞悉你的陰謀了，而且胸有成竹。到時候，你是要做一隻「縮頭烏龜」呢？還是在法庭上「兵戎相見」？不論哪一種選擇對你來說都是死路一條，因為訴訟或暴力威脅都是要「破財」的，若破了財又無法「消災」的話，豈不是「賠了夫人又折兵」嗎？因此，一個精明的人在為人處世中，是不會把自己或對方給逼上絕路的。當你不給別人留一點活路的時候，任何人都會進行頑強的反抗，這樣雙方都不會有什麼好結果。

第二章
設定界線的技巧

我們往往很難拒絕別人，
因為害怕自己的拒絕會傷害到對方。
而這種擔心往往弄得我們自己不堪其擾，
若學會把「不」字說出口，
會換得自己更多地空間。

學會拒絕能避免麻煩

俄國十月革命前的某一天，植物育種家米丘林正在植物園裡工作，忽然，他家裡的人跑來說：「有位市長想要見見您。」米丘林頭也不抬，仍在工作，家裡的人又大聲地重複了一遍剛才的話，米丘林仍只是擺擺手，不多做回應。「您知道，這可是一位市長……。」家裡的人強調。「我一分鐘都不願意白白度過！」說完，他又忙著去修理一棵果樹了。

接近米丘林的人都知道，他是一個非常珍惜時間的人，在他眼裡，一分一秒都是寶貴的。他隨時把工具放在身邊，為的是需要的時候不必到處找，節省時間；他的手杖上有尺寸，為的是散步時也能測量樹木的高矮，一物多用，節省時間。也許米丘林的處世方式值得商榷，但他珍惜時間的想法是非常值得借鏡的。在生活中有許多整天瞎忙的人，恰恰就是因為不懂得自己有權「拒絕別人」，不知道該如何說「不」。

英國作家毛姆在小說《啼笑皆非》中講過這麼一段耐人尋味的故事：一位小人物一舉成為名作家後，新朋老友紛紛向他道賀，成名前的門可羅雀同成名後的門庭若市形成了鮮明的對比。

毛姆為我們描寫了這樣一個場面：

一位早已疏遠的老朋友找上門來向你道賀，這時你該怎麼辦呢？是接待他還是不接待他？按照本意，自己實在無心見他，因為一來沒有交集，二來浪費時間；可是人家好心好意來看你，閉門不見似乎說不過去，於是只好見他了。見面後，對方又非得邀請你改日到他家去吃飯，儘管你內心一百個不願意，但盛情難卻，你不得不佯裝愉悅地應允了。在飯桌上，儘管你沒有敘舊之情，可是又怕冷場，於是又得強迫自己無話找話，這種窘迫可想而知。

來而不往非禮也，雖然你不願同這位朋友打交道，還是不得不提出要回請朋友一頓。你還得苦心盤算：究竟請這位朋友到哪家飯店合適呢？去一流的大飯店吧，你擔心朋友會疑心你是要在他面前擺闊；找個二流的吧，又擔心朋友會覺得你過於吝嗇……。

學會拒絕別人，可以節省大量的時間，避免許多不必要的麻煩。誠然，與人交往和幫助別人是重要的，尤其是主動幫忙更會受到歡迎，但如果我們是被某種心理的壓力所迫，對一切都點頭答應，實際上是在屈服於另一種性質的某些動機，例如需要得到別人的接受或讚揚，害怕給別人帶來不快和麻煩，希望有朝一日得到報答等等，那就應該要試著拒絕。

懂得珍惜時間，就要學會說「不」。當自己不是心甘情願時，別害怕講「不」字。那麼在什麼場合應該說「不」呢？

1. 當別人所期待的幫助，完全只是出於考慮他個人利益的時候

假如一個朋友打算請你深夜開車送他到機場，而你確信他可以自己叫計程車去，如果你答應送他，不但影響一夜睡眠，還會影響次日安排，你就要考慮拒絕。假使他是順路想搭你的車，只是要你等他幾分鐘的話，你就應盡力幫忙。

2. 當有人試圖讓你代替完成其分內工作時

偶爾為別人代一、兩次班關係不大，如果形成習慣，別人就會對你產生依賴性，變成你義不容辭的義務。當然生活中的類似場合遠不只列出的這些，總之，只要可能給自己帶來某些不方便，就要考慮說「不」，除非因此會給別人帶來更大的麻煩。也許你會說：「我何嘗不想拒絕，但該怎樣拒絕呢？」以下有幾個建議：

(1) 立即回覆，不要使對方對你抱有希望：請不要說：「我再想想看。」或「我看看到時候行不行。」等等的話，要明確地告訴對方：「實在抱歉，這是不行的。」

(2) 如果想避免生硬的拒絕，就提出一個反建議：假如朋友打電話問道：「今天晚上去跳舞吧！」若你不想去，就可以說：「哎呀，今天不行，改天我再找你一起去吧。」

(3) 不要以為每次都有必要說明理由：在很多時候，你只要簡單地說一句：「我實在有更要緊的事要做。」就可得到絕大多數人的諒解。只要我們充分認識到過多參與不必要應酬的危害，知道自己在什麼情況下該拒絕別人，並且在拒絕的時候採取正確的方法，我們就能節省大量的時間，而且不至於因此發生人際關係方面的問題。

拒絕應採取的態度

1. 先表明立場

有的人對於要拒絕或是接受請求，常表現得曖昧不明，造成對方的期待。像是雖然想拒絕卻又講不出口，或是聽了別人幾句甜言蜜語，就輕易地承諾下來，也是立場不明確所造成的。

2. 想辦法緩和對方對「不」的抗拒感

雖然說「不」或「好」要明白表示，卻也不是叫你毫無顧慮地就表示「要」或「不要」。語氣強硬地說「不行」、「沒辦法」，是會傷害對方的自尊心甚至遭來怨恨的。對別人的要求要洗耳恭聽，對自己不能答應的事要表示抱歉，這些都是在你回答「不」之前所應思考的，尤其面對要求你的是主管時，說話更要留餘地。

3. 要顧及對方的自尊

人都是有自尊心的，當有求於人時，往往都帶著惴惴不安的心理，如果一開始就說「不行」，勢必會傷害對方的自尊心，使對方不安的心理急劇加速、失去平衡，引起強烈的反感而產生不良後果。

因此，不宜一開口就說「不行」，應該尊重對方的願望，先說諸如關心同情的話，然後再講清楚實際情況，說明無法接受要求的理由。由於先說了那些讓人聽了產生共鳴的話，對方才能相信你所陳述的情況是真實的，相信你的拒絕是出於無奈，因而是可以理解的。

4. 降低對方對你的期望

舉凡來求你辦事的人，都是相信你能解決這個問題，抱有很高的期望，這時如果適當地講一講自己的短處，就能降低對方的期望。在此基礎上，抓住機會多講別人的長處，便能把對方求助的目標自然地轉移過去，這樣不僅可以達到拒絕的目的，還能使被拒絕者得到一個更好的歸宿。

5. 讓對方明白自己的處境

一般來說一個人有事請求別人幫忙時，總是希望別人能滿足自己的要求，卻往往不考慮給他人帶來的麻煩和風險。如果實事求是地講清利害關係和可能產生的不良後果，把對方也拉進來，共同承擔風險，讓對方設身處地去判斷，這樣會使提出要求的人望而止步，放棄自己的要求。由於要一起承擔可能出現的風險，對方就能多站在他人的立場去想問題，去體諒別人的難處。

說「不」的方法

1.在別人提出要求前做好說「不」的準備

那些不論別人提出多不合理的要求總是很難說「不」的人，通常是由於以下一種或幾種原因：

(1)對自己的判斷力缺乏自信，不知道什麼是應該做的，什麼是別人不該期望自己做的。

(2)渴望讓別人喜歡，擔心拒絕別人的請求會讓人把自己看扁了。

(3)對自己能成功地負起多少責任認識不清。

(4)具有完善的道德標準。他們會為「拒絕幫助」別人而感到罪過。

假如你發現自己很難啟齒說「不」，那麼請用以下這些方法幫助你自己：

(1) 在別人可能向你提出不能接受的要求之前作好準備。

(2) 把你的答覆預先練習一遍，準備三到四種可使用的句子。例如：「對不起，我現在正忙得人仰馬翻呢。」

(3) 當你說「不」時，別編造藉口。如果你有理由拒絕，並且想把理由告訴別人是很好的。如果沒有理由時也不必硬找，因為你有充分的權力說不。

(4) 在說「不」之後千萬別有罪惡感。

2. 用沉默表示「不」

當別人問：「你喜歡布萊德彼特嗎？」其實你心裡並不喜歡時，你可以不表態，或者一笑置之，別人就會明白。

3. 用推託表示「不」

你的同事約你星期天去釣魚，你不想去，可以這樣回答：「其實我是個釣魚迷，可自從結了婚，星期天就被妻子沒收啦！」

4. 用迴避表示「不」

和朋友去看了一部拙劣的武打片，走出電影院後，朋友問：「你覺得這部片子怎麼樣？」你可以回答：「我更喜歡抒情點的片子。」

5. 用反詰表示「不」

你和別人一起談論國家大事。當對方問：「你是否認為物價上漲過快？」你可以回答：「那你認為上漲太慢了嗎？」

6. 以友好、熱情的方式說「不」

有位作家想與某教授交朋友。作家熱情地說：「今晚我請你一起共進晚餐，你有空嗎？」不巧教授正忙於準備學術報告會的講稿，實在抽不出時間，於是他熱情地笑了笑，語帶歉意地說：「對於您的邀請，我感到非常榮幸，可是我正忙於準備講稿，實在無法脫身，十分抱歉！」他的拒絕是有禮貌而且愉快的，但又是那麼乾脆。

7. 避免只針對對方一人

某造紙廠的業務員到公司推銷紙張，業務員找到他熟悉的採購主管懇請他訂貨，採購主管彬彬有禮地說：「實在對不起，我們公司已與某造紙廠簽訂了長期訂購合約，公司規定不再向其他造紙廠購買紙張了，我得按照規定辦。」因為採購主管講的是任何其他造紙廠，就不是僅僅針對這個造紙廠了。

當我們羞於說「不」的時候，請恰當地運用上述方法吧。但是在處理重大事務時，來不得半點含糊，應當明確說「不」。

說「不」的實用技巧

1. 強調自己的困難

有些求人的人，由於種種原因，不好意思直接開口，喜歡用暗示來投石問路，這時你最好用暗示來拒絕。

有兩個打零工的朋友，找到在大公司工作的李先生，訴說打零工的辛苦，又說租房子沒有合適的，言下之意是要跟他借住。

李先生聽後馬上暗示說：「是啊，經濟不景氣，要買房子住可真困難啊。就拿我自己來說吧，就這麼兩間小小的房子，要住上三代同堂，所以我那已經上高中的兒子，晚上只得睡沙發。

你們大老遠來看我，我也很想留你們在我家好好地住上幾天，可是可能沒辦法啊！」兩位老朋友聽了之後，便非常知趣地離開了。

2. 用「習俗」為藉口

一位小姐因公出差，在火車上與一位看起來挺有涵養的先生坐在一起。這位男士主動和她搭訕，小姐覺得一個人乾坐著也挺乏味的，於是就和他談了起來。一開始這位先生還算規矩，只是談談乘車的感受以及聊聊對當今社會上一些不合理現象的看法。可不知怎的，談著談著，這位男士竟然話題一轉，問了一句：「妳結婚了嗎？」

顯然，這個問題可能別有用心，所以小姐有些不高興，但她態度平和地對那位男士說：「先生，我聽人說過這樣一句話，前半句是『對男人不能問收入』，所以我才沒有問你的收入；後半句是『對女人不能問婚否』，因此你這個問題我是不能回答了，真抱歉。」

那位先生聽她這麼一說，也覺得有點唐突，尷尬地笑了笑，不再說話了。

這位小姐既表達了對對方失禮的不滿，又沒有令對方下不了台，可謂一舉兩得。

3. 借他人之口加以拒絕

志豪在電器商場工作，一天，他的一位朋友來店裡買DVD，看遍了店裡陳列的樣品都不滿意，要求志豪帶他到倉庫裡去看看。志豪面對朋友，「不」字一直出不了口，於是笑著說：「前幾天經理剛宣布過，不准讓任何顧客進倉庫。」儘管志豪的朋友心中不大滿意，但畢竟比直接聽到「不行」的回答減少了幾分不快。

4. 藉故拖延

某公司一名職員找到組長要求調換工作性質，組長心裡明白調不了，但他沒有馬上回答說：「不可能。」而是說：「這個問題涉及到好幾個人，我個人決定不了。我把你的要求帶上去，讓上面的討論一下，過幾天再答覆你，好嗎？」這樣回答可讓對方明白：要調換工作性質不是件簡單的事，存在著兩種可能，使對方想法有所準備，這比當場回絕效果要好得多。

5. 限定條件

有位名作家應邀演講，課排在下午第一堂，又是大熱天，是學生最愛打瞌睡的時候，他一上台就聲明說：「在這悶熱的午後，要各位聽我這老頭兒說話，一定會想打瞌睡，我想沒關係，各位可以安心地睡，但是有兩個原則要遵守，一是姿勢要雅，不要東倒西歪；二是不准打呼，以免干擾別人聽講。」語畢，全堂鬨然大笑，瞌睡蟲一掃而空。這種雖然同意，其實是禁止的說話藝術，常能發揮勸止的功效。

6. 先肯定後否定

一家公司的經理對另一家工廠的廠長說：「我們兩家來合併，你覺得怎麼樣？」廠長回答：「這個設想很不錯，只是目前條件還沒有成熟。」這樣既委婉地拒絕了對方，又給自己留了後路。

7. 借用對方的言語

北洋軍閥的首要人物吳佩孚，在成為權傾一方的人物後，某天，他的一位朋友前來投靠他，想在他那兒找個事做。吳佩孚知道那位朋友才能平庸，但礙於情面，還是給他安排了一個閒職。不久那位朋友便嫌棄官微職小，再次請求想當個縣長，要求派往河南，吳佩孚聽了，便在他的申請書上批了「豫民何辜」四個大字斷絕他的念頭。誰知過了些時間，那人又請求調任更高的職務，並在申請書上說：「我願率一旅之師，討平兩廣，將來班師凱旋，一定解甲歸田，以種樹自娛。」看到同鄉這樣沒有自知之明，吳佩孚真是好氣又好笑，於是又提筆批了「先種樹再說」五個大字。

8. 以鼓勵的方式拒絕

志鵬和俊奇在同一家公司上班，由於工作不愉快，志鵬毅然辭職，自己出外創業，幾年下來終於擁有了一家小公司。同樣也工作不愉快的俊奇打電話給志鵬，「幫幫忙，讓我到你公司混口飯吃吧！」

「你在原公司不是做得好好的嗎？」志鵬說：「你不需要幫忙啊！」

俊奇立刻辭去原來的工作，並再打電話給志鵬，「我現在失業了，你可以收容我了吧？」

「我當初在那裡做得不愉快，出來艱苦創業才能有今天。」志鵬說：「你也應該努力去開創自己的事業，怎麼好意思撿個現成的呢？」志鵬並沒有收容俊奇。

上述的例子雖然拒絕了對方的請求，可是因為本意在激發對方戰勝困難的勇氣，是在助人，不屬於見死不救，即使有些強詞奪理，還是容易為對方所接受。

9. 幽默輕鬆，委婉含蓄

美國總統富蘭克林．羅斯福在就任總統之前，曾在海軍部擔任要職。有一次，他的一位好朋友向他打聽海軍在加勒比海一個小島上建立潛艇基地的計畫。羅斯福神祕地向四周看了看，壓低聲音問道：「你能保密嗎？」朋友回答，「當然能。」

「那麼，」羅斯福微笑地看著他，「我也能。」

羅斯福採用的是委婉含蓄的拒絕，其語言具有輕鬆幽默的情趣，在朋友面前既堅持了不能洩露的原則立場，又沒有使朋友陷入難堪，取得了極好的語言交際效果。以至於在羅斯福死後多年，這位朋友還能愉快地談及這段總統軼事。相反的，如果羅斯福表情嚴肅、義正辭嚴地加以拒絕，甚至心懷疑慮，認真盤問對方為什麼打聽這個、有什麼目的、受誰指使，豈不是小題大作、有煞風景，其結果必然是兩人之間的友情出現裂痕甚至危機。

10. 獻可替否，轉移重心

「獻可替否」是一個成語，意思是建議可行的而替代不該做的。當對別人所託之事不能幫忙時，應在講明道理之後，想一些別的辦法作為後補方案。因為一般人都有一種補償心理，如果你想的辦法不很理想，但你已經盡力了，對方的情感便得到了滿足，這在一定程度上減少了失望感；如果你的辦法幫助別人圓滿解決了問題，別人也會很滿意。

彥勳和敏雄是一對好朋友，有一天，彥勳來到敏雄的公司請求敏雄幫他替未婚妻報仇。原來彥勳的未婚妻被主任欺侮了，彥勳買了一把鋒利的刀子要修理那小子，但考慮到主任人高馬大，自己對付不了他，於是請敏雄幫忙。敏雄聽完後，心中很明白，儘管主任不是好東西，應該教訓教訓他，但那是會觸犯法律的。因此，敏雄決定說服彥勳，他問彥勳：「你愛你的未婚妻嗎？」

「愛，當然愛，不然我就不理這件事了。」彥勳回答。

「這就好，愛一個人不容易，真正愛上一個人，不管她遇上多麼大的不幸都是不會動搖的，相反地，還要幫助她從不幸之中解脫出來。如果你感情用事，並不是愛她，而是在害她，她不會為此感謝你，反而會恨你。壞人總是要受到懲處的，這要靠法律，這件事交給我處理吧，我相信法律會給你們一個滿意的答案。」

彥勳聽了敏雄的一番話，打消了復仇的念頭。最後敏雄多方收集證據，也打聽到那主任平時就會對女同事毛手毛腳，找來多位受害者作證，成功地運用法律懲處了那位主任。

從這個例子中，我們看到敏雄聽了彥勳的請求之後，並沒有感情用事，而是先講了一番道理，把話題的重心由復仇轉移到運用法律手段來解決，彥勳從道理中明白了自己的糊塗，從重心的轉移中得到了問題的圓滿解決。敏雄也由此拒絕了彥勳復仇的請求，這就是「獻可替否」的妙用。

11. 暫退一步，再伺機推託

陳誠是某教育局的人事科長，經常處於矛盾的包圍之中，上級的話他不得不聽，違心的事也要辦，下邊的事不敢應，一應就是一大串，他的官是當得苦不堪言。在他極其苦惱時，一位智者提醒他：「面對矛盾，你何不採取迴避鋒芒的辦法，這能使你得到解脫。」這使陳科長茅塞頓開，連罵自己以前太笨，以致得罪了一些上級。

掌握了這一處理矛盾的祕訣，陳科長坦然多了。一次，劉副局長讓他想辦法將在私立二專畢業的姪子安插到某學院去。這不符合政策，讓陳科長很為難，因為一旦出現問題，承擔責任的是他，而非劉副局長。這時他想起了迴避鋒芒、不直接對抗的退讓之法，便小試一下。

陳科長對劉副局長說：「好，我會盡心為您辦這件事，您讓您的姪子把他的畢業證書、檔案資料先送過來。」後來劉副局長的姪子只送來檔案資料，沒有畢業證書，因為他雖讀完了二專，但成績不佳，好幾科被死當，哪來的畢業證書，於是陳科長讓他先回去等候通知。

過了幾天，劉副局長又關照這件事情，陳科長先說了說他姪子的情況，隨後說道：「劉局長，您說話對方可能比較會聽進去，您和那所學校的校長談談，只要他們肯收，我就把這些資料送過去。」

劉副局長從陳科長的話裡聽出了弦外之音，只好說：「那就先放在旁邊再說吧。」

官場上的矛盾、衝突、痛苦，使大部分人都處於戰爭狀態。用迴避鋒芒、不直接對抗的方法，能讓你的心靈自在、祥和，矛盾也會在迂迴曲折中得到妥善解決。一旦迴避了鋒芒，你就會發現事情原來可以很簡單。

12. 使你的拒絕溫柔而不可抗拒

烏爾倫．伯瑞是一位圖書推銷商，常常挨家挨戶地推銷他的圖書。日積月累的經驗教會他怎樣把書賣給那些並不打算買的人，他有一副好嗓子，音色渾厚，而且他說話也很討人喜歡，常常逗得人們哈哈大笑。他衣著講究、乾淨整潔，屬於那種人們一見到他就會立刻喜歡上他的人。這一點他心裡是十分清楚的。

今天，他來到一戶人家推銷。他左手拿著一大本書，右手推開大門，滿臉笑容地穿過花園小徑，來到主人的屋前。他按了一下門鈴，過了好一會兒，一位小姐開了門，滿臉驚奇地看著他。

「小姐，妳好。」他說：「我想妳也許有興趣買一套《世界歷史》。這套書一共有十二本，我拿出其中的一本讓妳瞧瞧，裡面的插圖漂亮極了……。」

「實在對不起，」她打斷道：「我正在做飯，沒閒功夫來談論歷史，我得馬上回廚房看看。」不等他回答，她就把門重重地關上了。

這次談話如此快就中斷了，著實讓伯瑞吃了一驚。他不願意這麼早就被趕走，於是繞著房子走了一圈，然後敲響後門，開門的仍然是那位年輕的小姐。

「又是你！」她拉高音量。

「哦，」他說：「妳剛才告訴我妳在廚房忙得不可開交，所以我只好不嫌麻煩地繞到後邊來。也許妳會讓我坐在廚房裡，然後一邊做飯一邊聽我講這本優秀歷史書的一些內容。這套書很重要，也很有用，如果妳不買的話會後悔的。」他咧開嘴一笑，露出雪白的牙齒。

「如果你願意的話，可以進來坐在那邊。」她指著一把椅子，又補充道：「但是，你會白費時間的。我對歷史毫無興趣，再說我也沒錢買書。」

伯瑞坐下來，把手中笨重的書小心翼翼地放在飯桌上。當然，多售出一本書，就意味著他的利潤也將增加一些。他有信心勸這位小姐買一本。當她在做飯時，他就用那迷人的聲音向她講述擁有這本書的所有好處，更沒有忘記提醒她，這書很便宜。

「等一等。」她突然打斷他，隨後離開了廚房。伯瑞聽見她在屋裡的什麼地方開抽屜。不一會兒，她回到了廚房，手裡拿著筆記本和鉛筆。她放下手中的工作，與他一塊兒坐到了桌子邊。

「請繼續講。」那位小姐表示。

伯瑞又開始講起來，那位小姐則一邊聽，一邊認真地記筆記，中途還不時叫他把剛講的重複一下。見她如此有興趣，伯瑞簡直有些大喜過望。他又暗暗地思忖起來，其實勸人們買他們不想買的東西是多麼容易啊！最後，他結束了自己的談話，闔上書，問道：「妳覺得怎麼樣？難道不認為買一本是明智之舉？」「哦，不！」她吃驚地說：「一開始我就告訴過你，我對歷史不感興趣，當然不打算在一本歷史書上花大量的鈔票。」隨後，她打開後門，並做出一個請出的姿勢。「那妳為什麼要做筆記呢？」伯瑞問道。

「哦，」她回答，「我弟弟與你是同行，他也是挨家挨戶去推銷他的書，但一點也不成功。所以我記下了你的推銷用語，你太聰明了，我將把這些筆記拿給他看，這樣他就明白下一次去推銷的時候該說些什麼了，也許他會因此賺更多的錢。實在太感謝你了，我真高興你今天能來。」

伯瑞站在那兒，呆若木雞。

13. 面對死皮賴臉地糾纏，態度必須強硬果斷

某某先生是當代著名書法家、大學教授，又是前清皇室的親戚，是一位炙

手可熱的大名人，因此登門造訪的人總是接連不斷，簡直快要踏破了門檻。

直言不諱地說，到先生家的人雖多，但純為探訪而不有求於先生者，卻是非常罕見的。相求的內容大致有二：一是舉辦某某活動，欲請先生光臨、捧場；二是求先生揮毫寫字。其實這都可以理解，先生名頭大，在活動中一露臉，立即會有一大群記者蜂擁而至，電視轉播、報紙載文，讓舉辦者臉上添光、知名度大響；而字，一則具有高度藝術價值，掛於客廳中可欣賞、可炫耀，二則可以賣個好價錢，能獲得可觀的經濟效益。

試想，如果對這些人一一照顧，老先生豈不是要累死？那些人個個都有一套死纏硬賴的功夫，委婉的拒絕是不管用的。因此，老先生有時對他們毫不客氣，乾脆直爽地將其拒之門外。固然，一開始即斬釘截鐵地說「不」委實不妥，然而不要因此放棄表示拒絕的權利，畢竟辦不到的事終究還是辦不到，先把這一點搞清楚，然後盡早設法向對方懇切地表白，才是真正的相處之道。

第三章
退一步的智慧

與人交際時，
在適當的時候身段放軟，
自己退讓一步，讓別人有面子，
這是溝通的雙贏之道處。

妙拒退衣

一位顧客到一家服飾店要求退回一件外衣，但這件衣服已帶回家並且穿過了，只是顧客的丈夫不喜歡，她堅持說自己絕沒穿過，要求退換。

店員檢查了外衣，發現有明顯乾洗過的痕跡，但是直截了當地向顧客說明這一點，顧客是絕不會輕易承認的，因為她已經說過「絕沒穿過」，而且精心地做了偽裝。

於是機敏的店員說：「我很想知道你們家的某一位成員，是否把這件衣服錯送到洗衣店去過。不久前我也發生過一件同樣的事情，我把一件剛買的衣服和其他衣服堆在一起，結果我先生沒注意，把新衣服和一大堆髒衣服一古腦兒塞進了洗衣機。我想妳可能也遇到這種事了，因為這件衣服的確看得出已經被洗過的痕跡。不信的話，妳可以跟其他衣服比一比。」

顧客看了看衣服上的證據知道無可辯駁，而店員又給了她一個台階下，於是她順水推舟，吞吞吐吐地說了幾句就收起衣服走了。

上述例子中的店員，在明知對方穿過且洗過衣服後而不直接點破，給了對方一個台階下，讓事情得到了解決。試想，她若堅持說顧客「一定穿過」，而對方則堅持說「沒有穿過」，事情一鬧起來，不管結果如何都是不歡而散，且會影響生意。

美容霜風波

某天，有一位不速之客怒氣沖沖地跑進一間生產保養品的公司，張牙舞爪地對那家公司的經理說：「你們的美容霜乾脆叫毀容霜算了！我女兒用了你們的美容霜後，臉變得慘不忍睹，現在她連門都不敢出。我要告你們，你們要負起賠償責任！」

經理一聽完，稍加思索，心裡明白了幾分，但他仍誠懇地道歉，「是嗎？竟發生這樣嚴重的事，實在對不起。不過，現在當務之急是馬上送令嬡到醫院治療，其他的事我們以後慢慢再談吧。」那人本想臭罵一頓出口窩囊氣，萬萬沒想到經理不但認真，而且還挺負責的，這讓他的氣消了一些，於是在經理的陪同下，帶著他的女兒去醫院的皮膚科檢查。

檢查的結果是：他女兒有一種遺傳性的過敏症，並非由於美容霜有毒所致。醫生開了處方，並安慰她說不久便會痊癒，不會有可怕的後遺症。

此時，這對父女的心才放下來，他們對經理既感激又敬佩。經理又說：「雖然我們的美容霜並沒有任何有毒成分，但這件事我們是有一定責任的，雖然產品的說明書上寫著『有皮膚過敏症的人不適用』，但小姐來購買時，售貨員肯定忘記問她，也沒有向顧客叮囑一句注意事項，才導致小姐有此麻煩。」

聽到此語，那小姐拿起美容霜仔細一看，果然在包裝盒上有明確說明哪幾種人不能用，只怪自己沒詳細看清就買來用了，心中不禁有些懊惱。經理見此情景便安慰她：「小姐，請放心，我們曾請皮膚科專家認真研究過關於患有過敏症顧客的護膚問題，並且還開發好幾種新產品，效果都很好。等妳治癒後，我再派人給妳送兩瓶試用一下，保證以後不會再出現過敏反應，也算我們對今天這件事的補償。先生、小姐，你們的意見如何？」結果自然是向好的方面發展了。

《老子．二十二章》裡有一段話：「曲則全，枉則直，窪則盈，蔽則新，少則得，多則惑。」意思是：委曲反而能保全，屈就反而能伸直，低窪反而能充盈，破舊反而能生新，少取反而能多得，貪多反而迷惑。

「曲則全，枉則直」，在人生的戰場上，尤其是在生意場上，可以說每一個有志氣的人都需要有這種能屈能伸的氣概。「商場如戰場」，在這無硝煙的戰鬥中，每一位生意人不僅需要智慧、涵養和風度，還要深諳商場技巧。

經商離不開生意洽談，而在業務洽談中，僵局是難免的，如果雙方固執己見，僵持不下，都有「寧為玉碎，不為瓦全」的想法，那麼結局是不言而喻的。要打破僵局並不容易，這需要掌握相當的業務洽談技巧。

有時候退一步是為了往「更好」前進，作為一位精明的生意人應努力保持鎮靜，設法緩和洽談氣氛或者改變問題，甚至可以忍痛割愛，終止洽談等待機會捲土重來。

讓對方覺得自己是主角

人們最感興趣的就是談論自己的事情，對於那些與自己毫不相關的事情，多數人會覺得索然無味。

而對你來說最有趣的事情，有時不但很難引起別人的共鳴，甚至還會讓人覺得可笑。有些年輕的母親會熱情地對同事說：「我的寶寶會叫『媽媽』了！」她這時的心情是很高興的，可是旁人聽了會和她一樣高興嗎？別人會認為，誰家的孩子不會叫媽媽呢？這是很正常的事情。所以在你看來充滿了喜悅的事，別人不一定會有同感，在與人交談的時候，要多照顧對方的感覺，努力讓對方感到主角是他。

與同事交談時要竭力忘記自己，不要老是嚷嚷不停，無休止地談你個人的事情，你的孩子、你的生活，以及其他的瑣事。人們最喜歡的都是自己最感興趣或最熟知的事，那麼在交談的過程中，你可以盡量讓他說自己的事情，這是使對方高興的最好方法。

驕傲是因為無知

所有驕傲的人都認為自己有學識、有能力；而謙遜的人卻總是認為自己還差得遠呢。驕傲者也許真的有其驕傲的資本，不過謙虛者真的差得很遠嗎？這是一個耐人尋味的問題。

事實上，驕傲的真正原因並非飽學，而是因為無知。同樣的，謙虛的真正原因也不是他差得很遠，其實恰恰相反，他根本不比別人差。謙虛與驕傲的原因在於一個人的修養如何，而不在於是否多讀了幾本書或是多做了幾件事。

蘇格拉底是古希臘哲學家中最受人尊敬的一位，他不僅學識淵博，還非常善於辨析，當時能夠提出的任何問題，只要到了他的手裡，沒有不迎刃而解的。但是他非常謙虛，從來不以權威自居，總是循循善誘，讓對方自己得出正確的結論。

由於博學而謙遜，蘇格拉底被公認為是最聰明的人，但是蘇格拉底卻一點也不這樣認為。他說：「不可能！我唯一知道的事情是，我一無所知。」

不過眾人仍異口同聲地稱讚他是天下最聰明的人，並建議他到山上的神廟去占卜，看看天神的意見如何。於是蘇格拉底來到神廟占卜，占卜的結果明白無誤：他確實是天下最聰明的人。面對神諭，蘇格拉底無話可說了，但是口裡仍然喃喃自語：「我唯一知道的事情是，我一無所知。」

可是總會有不少的人認為自己是天下第一，這樣的人，哪有不跌倒的？

楚漢相爭時，項羽的勇將龍且奉命率領大軍，日夜兼程向東進入齊地，救援齊王田廣。

韓信正要向高密進軍，聽說龍且兵到，召見曹、灌二將，囑咐他們：「龍且是項羽手下有名的猛將，只可智取，不可跟他硬拚。」於是，命令部隊後撤三里，選擇險要的高地安營紮寨，按兵不動。

龍且見狀，以為韓信怯戰，想渡河發起攻擊。屬下向他建議：「齊王田廣數萬部隊已經吃了敗仗，又都是本地人，顧慮家室，容易逃散；他們潰逃，我們也支持不住。韓信來勢洶洶，恐怕擋不住。最好是按兵不動，暫不與他正面交鋒。漢兵千里而來，無糧可食、無城可守，拖他們一兩個月，就可不攻自破了。」

龍且性高氣傲，目空一切，連連搖頭道：「韓信不過是一個市井小兒，有什麼本領？聽說他少年時要過飯，鑽過人家的褲襠，這種無用之人，怕他什麼！」

副將周蘭上前進諫道：「將軍不可輕視韓信。那韓信輔佐漢君哲定三秦，平趙降燕，今又破齊，足智多謀，還望將軍三思而行。」

龍且把手一擺，笑著說：「韓信遇到的對手統統不堪一擊，所以僥倖成功。現在他碰上我，他才曉得刀是鐵打的，我要叫他腦袋搬家！」當下龍且派人渡水投遞戰書。

為準備決戰，韓信命軍士火速趕製一萬多條布袋。黃昏時分，韓信傳召部將傅寬，授予密計，「你帶兵各自帶上布袋，偷偷到濰水上游，就地取泥沙裝進袋裡，選擇河面淺窄的地方堆上沙袋阻擋流水。等明天交戰時，楚軍渡河，我軍發出號炮，豎起紅旗，即命兵士撈起沙袋，放下流水，至要至要！」

韓信命眾將今夜靜養，明日見紅旗豎起，立即全力出擊。第二天，他又命曹參、灌嬰兩軍留守西岸，自己率兵渡到東岸，大聲挑戰道：「龍且快來送死！」

龍且本是火爆個性，他躍馬出營，怒氣沖沖，舉刀直奔韓信，韓信急忙退進陣中，眾將出陣抵擋。隨後韓信拍馬就走，眾將也連忙退兵，向濰水奔回。

龍且哈哈大笑，說道：「我早說過韓信是個軟柿子，不堪一擊嘛！」說著，龍且領頭追去，周蘭等隨後緊跟，迫近濰水，那漢兵卻渡過河西去了。

龍且正追趕得起勁，哪管水勢深淺，也就躍馬西渡。周蘭看見河水忽然淺了，有些懷疑，急追上去，想勸住龍且。誰知楚軍兩、三千人剛剛渡到河中，猛然一聲炮響，河水忽然上漲，高了好幾尺，接著便洶湧澎湃，如同滾筒席捲一般。河裡的楚兵站立不穩，被洶湧的大浪捲走，不久便滿河浮屍。

這時漢軍陣中紅旗豎起，曹參、灌嬰從兩旁殺來，韓信也率眾將殺回來。不管龍且如何驍勇，周蘭如何聰慧，也衝不出漢軍的天羅地網。結果是龍且被斬，周蘭被擒，兩、三千楚兵統統當了俘虜。

聽龍且對韓信的評價，可見他並不真正瞭解對方。他所聽到的事情，無非出身低微、忍胯下之辱等。以此為據而戰兵於韓信，豈有不敗之理？

豁達大度的好處

人的心裡常有不解之氣，所以，當對方說的話你覺得不堪入耳時，不妨充耳不聞；對方的行為你覺得不順眼時，不妨視而不見，何必過分認真，一定要報以尖刻的回應？

何況對方的話語行為，如能平心靜氣地思考一下，也未必對你有害。如果他說的不是事實，何必對謊言生氣，如果他說的真是確有其事，那就是你的良師益友，何必為此而生氣呢？

佛界有一幅名聯，「大肚能容，容天下難容之事；開懷大笑，笑世間可笑之人。」古人還常說：「將軍額上能跑馬，宰相肚裡能撐船。」這些話無非是強調為人處事要豁達大度。

我們在社會交往中，人與人之間經常會發生一些矛盾，有的是由於認識水準不同，有的是因為一時的誤解造成的。如果我們都能大度一些，置區區小私於不顧，一定會使矛盾緩和、積怨消除，重新贏得友誼的。

交際應酬的四大戒條

與外間同業接觸，雖然沒有在公司裡與同事間激烈的競爭，沒有太明顯的利益衝突，造成彼此隔閡。但是由於彼此工作環境不一樣，所以你的能力、表現等各方面，對方不得而知，彼此只能建立在日常表面化的關係之上。

由於彼此不會深入認識對方，在日常交際應酬中也應作一些迴避，為自身建立一個保護網。一則可以保持理想形象，二則也可避免他人無謂猜測，錯估自己。

1. 切忌真情流露

涉世未深的社會新鮮人大多是一些想法單純的人。由於對世事所知甚少，往往容易相信別人，有時就容易掉進別人的陷阱裡。

基於這點，無論你所知有多少，或是他人說得如何漂亮動聽，都必須避免真情流露，讓別人得以輕鬆窺探自己的內心世界。同樣，也不要表現太興奮、好奇、意外、詫異，以防別人以為自己四肢發達、頭腦簡單，產生輕視之心。

2. 切忌談論薪資

在上班族的社會裡，薪資代表著個人價值和地位，把自己的薪資公開，就是要別人評估自己的價值。當然，若比周圍的人都高，的確是件頗為威風的事，但卻可能引起他人妒忌和招人話柄，這是何苦呢！若不幸薪資最低，本身就臉上無光難免令人氣餒，更可能引起別人輕視。

所以交際應酬時，話題可以天南地北，無所不談，但千萬別提到薪資。這不但可能導致個人損失，更可能引起對方反感，被指為不成熟的表現。

3. 切忌顯露自己的不足

做人切忌大言不慚，硬充博學，因為若是被人識破，到時沒趣的還是自己。更不能顯露自己的不足之處，不要令人覺得自己無知。

自己不懂，謙虛地請教他人是一種美德，但有的場合就行不通。因為現今世界只有博學、世故、富經驗和熟練的人，才能令人佩服和讚賞。寧願默不出聲，讓人以為你是大智若愚、深不可測。在未搞清真相以前，他們最多只會說你有深度而穩重，不敢妄下判斷。相反的，假如自暴其短，向人揭自己瘡疤，如何能令人肅然起敬呢？

4. 切忌口不擇言

從來言多必有失，還是少說為佳。尤其是別人的不是，千萬不要由自己口中說出。聰明的上班族永遠是聽的比說的多，說的目的也只為要聽更多一點，所以沒有必要的話就別說了吧。對於一些自己陌生或是惹人爭議的話題，切記要三緘其口，以免招人笑柄之餘還要萬箭穿心，被人背後中傷。每一句話出口之際，你便應該假設它們會傳送到當事人耳中。

第四章

說服的關鍵在於服

說服別人是很困難的，

如何達到說服別人的目的，

又不會讓對方感到沒面子，

需要你好好想想。

說服人先瞭解人

「知己知彼，百戰百勝」這句老話是很有道理的，戰爭如此，說服人也是如此。在說服對方之前，必須透澈地瞭解被說服對象的背景情況，以便針對目的進行說服工作。瞭解的內容主要有：

1. 瞭解對方的性格

不同性格的人，對接受他人意見的方式和敏感程度是不一樣的，掌握了對方的性格，就可以按照他的性格特徵，有目的進行說服工作。

2. 瞭解對方的長處

一個人的長處就是他最熟悉、最瞭解、最易理解的領域。如：有人擅長交際、有人擅長計算等等。在說服人的時候，從對方的長處入手，一能和他談到共同的話題；二能將他的長處作為說服他的一個有利條件。例如一個伶牙俐齒、善於交際的人，在交付他採購工作時可以說：「你在這方面比別人有才能，這是發揮你潛在能力的一個好機會。」這樣說既有理有據，又能表明主管對他的信任，還能引起他對新工作的興趣。

3. 瞭解對方的興趣

有人喜歡繪畫，有人喜歡音樂，還有人喜歡下棋、養鳥、集郵、書法、寫作等等，人人都喜歡從事和談論自己最感興趣的事物。從這裡入手，打開他的話匣子，再對他進行說服，便較容易達到說服的目的。

4. 體諒對方當時的情緒

一般說來，影響對方情緒的因素有：一是談話前對方因其他事所造成的心緒仍在起作用；二是談話當時對方的注意力正集中在哪裡；三是對說服者的看法和態度。所以，說服者在開始說服之前，要設法瞭解對方當時的想法和情緒，這對說服的成敗是一個重要的環節。

凡此種種，讀者都要悉心研究，才能夠讓對方願意接納你的說服內容。瞭解對方是有許多學問的。很多人不能說服別人，是因為他不仔細研究對方，不研究用適當的表達方式就急忙下結論，還以為「一眼看穿了別人」。這就像那些不識大體的推銷員，不了解顧客的情緒和需求，只管一股腦兒地全盤推銷，當然沒有不碰釘子的。

說服的基本方法

有些人說服他人經常犯的毛病，就是先想好幾條理由，然後去和對方辯論；還有的是站在長輩的立場上，以教訓人的口吻，指點別人該怎麼做。這樣一來，等於是先把對方推到錯誤的一方，因此效果往往不好。說服人的方法和技巧很多，以下是幾種比較實用和簡便的方式。

1. 用高尚的動機來激勵他

在一般情況下，每個人都有起碼的做人道德，所以在說服他人轉變看法的時候，一個有效的辦法就是用高尚的動機來激勵他。比如說這樣做將對公司帶來什麼好處，或將對家庭、對子女帶來什麼好處，或將對自己的威信有什麼影響等等。

2. 透過交換資訊促使他改變

不同的意見往往是由於掌握了不同的資訊所造成的，有些人學習不夠，對一些問題不理解；也有些人習慣於舊的做法，對新的做法不瞭解；還有些人聽人誤傳，對某些事情有誤解等等。在這種情況下，只要能把正確的資訊傳給對方，他就會覺察到自己的行為並非原來想像的那麼美好，進而採納說服者的新主張。

3. 激發他主動轉變的意願

想讓別人心甘情願地去做任何事，最有效的方法不是談你所需要的，而是談他需要的。

4. 用間接的方式促使他轉變

說服人時如果直接指出對方的錯誤，一般人常常會採取防守態勢，竭力為自己辯護。

因此，最好用間接的方式讓他瞭解應改進的地方，所謂間接的方法像是：把指責變為關懷、談別人或自己的錯誤來啟發他、用建議的方法提出問題等等。

說服的四個步驟

有一次，卡內基突然同時接到兩家研習機構的演講邀請函，一時之間，他無法決定該接受哪家的邀請。在分別和兩位負責人洽談過後，他選擇了後者。

在電話中，第一家機構的邀請者是這樣說的：「請先生不吝賜教，為本公司傳授說話的技巧給中小企業管理者。由於我不太清楚您所講演的內容為何，就請您自行斟酌吧。人數大約不超過一百人……。萬事拜託了！」

卡內基認為，這位邀請者說話時平淡無力、缺乏熱忱，給人的感覺像是為工作而工作的態度，讓人感受不到絲毫的熱情，也讓他留下相當不好的印象。此外，對方既沒明確地提示卡內基應該做什麼、要做到什麼程度，也沒有清楚交代聽眾人數，教他如何決定演講內容呢？對此，卡內基自然沒有什麼好感。

而另一家機構的邀請者則是這樣說的：「懇請先生不吝賜教，傳授一些增強中小企業管理者說話技巧的訣竅。與會的對象都是約擁有五十名員工的企業管理者，預定聽講人數為七十人。此次懇請先生蒞臨演講的主要目的，是希望讓所有與會研習者明白，不用語言清楚地表達出自己想法的人，是無法成為優秀的管理人才。

希望您演說時間能控制在兩個鐘頭左右，內容鎖定在：一、學習說話技巧的必要性；二、掌握說話技巧的好處；三、說話技巧的學習方法這三方面，希望能帶給大家一次別開生面的演講。萬事拜託了！」

卡內基可以感覺到這家機構的邀請者明快幹練、信心十足，完全將他的熱情毫無保留地傳達給了自己。更重要的是，對方在他還沒有提出問題的情況下，就解答了所有的疑問。因此，在卡內基的腦海裡立刻浮現出自己置身講台的情景，並且很快就能夠想像出參加者的表情，以及自己該講述的內容等。

很顯然地，說服別人是需要一定技巧，其中最重要的是依循一定的步驟。

1. 吸引對方的注意和興趣

為了讓對方同意自己的觀點，首先應吸引勸說對象將注意力集中到自己所設定的話題上。利用「這樣的事，你覺得怎樣？這對你來說，是絕對有用的……。」之類的話轉移他的注意力，讓他願意並且有興趣往下聽。

2. 明確表達自己的想法

明白、清楚的表達能力是成功說服中不可缺少的要素。對方能否輕輕鬆鬆傾聽你的想法與計畫，取決於你如何巧妙運用語言技巧。

為了讓你的描述更加生動，少不了要引用一些比喻、舉例來加深聽者的印象。適切地運用比喻和實例能讓抽象晦澀的道理變得簡單易懂，甚至能使你的主題變得更明確，如此一來，就能夠順利地讓對方在腦海裡產生鮮明的印象。

另外，說話速度的快慢、聲音的大小、語調的高低、口齒的清晰度等等，都不能忽視。除了語言外，你也必須以適當的表情、肢體語言來輔助。

3. 打動人心

說服前必須能夠準確地揣摩出對方的心理，才能夠打動人心。例如他在想什麼？他慣用的行為模式為何？現在他想要做什麼等等。

「倘若遵照我說的去做，絕對省時省錢，美觀大方，又有銷路……。」利用這樣的方法，不斷刺激他的欲望，直到他躍躍欲試為止。

4. 提示具體做法

在前面的準備工作做好之後，就可以告訴對方該如何付諸行動了。你必須讓對方明瞭，他應該做什麼、做到何種程度最好等等。到了這一步，對方通常會很痛快地按照你的指示去做。

說服的十二種技巧

1. 從稱讚和讓對方滿足著手

華克公司承包了一件建築工程，預定於一個特定日期之前，在費城建立一幢辦公大廈，原本一切都照原定計畫進行得很順利，誰知大廈接近完成階段時，負責供應大廈內部裝飾用銅器的承包商，突然宣稱無法如期交貨。如果真是這樣的話，整幢大廈都不能如期交工，公司將承受鉅額罰金。

所有的長途電話、爭執、不愉快的會談，全都沒效果。於是傑克先生奉命前往紐約，當面說服銅器承包商。

「你知道嗎？在布魯克林區有你這個姓的，只有你一個人。」傑克先生走進那家公司董事長的辦公室之後，立刻這麼表示。

董事長吃驚地回道：「不，我並不知道。」

「哦，」傑克先生說，「今天早上我下了火車之後，就查閱電話簿找你的地址，在布魯克林的電話簿上，有你這個姓的只有你一人。」

「我一直不知道。」董事長邊說邊很有興趣地查閱電話簿。「嗯，這是一個很不平常的姓。」他驕傲地表示。「我這個家族從荷蘭移居紐約，幾乎有兩百年了。」

之後一連好幾分鐘，董事長繼續談到他的家族及祖先。當他說完之後，傑克先生就恭維他擁有一家很大的工廠，並說他以前也拜訪過許多同一性質的工廠，但跟董事長這家比起來就差太多了。「我從未見過這麼乾淨整潔的銅器工廠。」傑克先生如此說。

「我花了一生的心血建立這個事業。」董事長說：「我對它十分感到驕傲，你願不願意到工廠各處去參觀一下？」

在這段參觀活動中，傑克先生恭維工廠的組織制度健全，還對一些不尋常的機器表示讚賞，這位董事長表示這是他發明的。他花了不少時間向傑克先生說明那些機器如何操作，以及它們的工作效率多麼良好，後來他甚至堅持請傑克先生吃午餐。到這時為止，你一定注意到，傑克先生一句話也沒有提到此次訪問的真正目的。

吃完午餐後，董事長說：「現在我們談談正事吧，我知道你這次來的目的，我沒有想到我們的相會竟是如此愉快，你可以帶著我的保證回到費城去，我保證你們所有的銅器都將如期運到，即使其他的生意會因此延誤也不在乎。」

傑克先生未開口要求，就得到了他想要的東西。想要改變一個人而不傷感情、不引起憎恨的話，應該學會從稱讚和讓對方感到滿足著手。

2. 巧妙地刺激對方的情緒或感覺

美國鋼鐵公司總經理卡爾，有一次請來美國著名的房地產經紀人約瑟夫·戴爾，對他說：「老約瑟夫，我們鋼鐵公司的房子是跟別人租的，我想還是自己有座房子才行。」此時，從卡爾的辦公室窗戶望出去，只見江中船來船往，碼頭密集，這是多麼繁華熱鬧的景致呀！卡爾接著又說：「我想買的房子，也必須能看到這樣的景色，或是能夠眺望港灣的，請你去替我物色一所相當的吧。」

約瑟夫．戴爾費了好幾個星期的時間來琢磨相當的房子，他又是畫藍圖、又是編預算，但事實上這些東西一點兒也派不上用場。

最後，他竟然僅憑著兩句話和五分鐘的沉默，就買了一座房子給卡爾。

不用說，在許多「相當的」房子中，第一所便是卡爾鋼鐵公司隔壁的那幢樓房，因為卡爾所喜愛眺望的景色，除了那幢房子外，再沒有別的地方能與它更接近了，並且據卡爾表示，有些同事也竭力想買那幢房子。

當卡爾第二次請約瑟夫去商量買房子之事時，約瑟夫卻勸他買下鋼鐵公司本來所在的舊樓房，同時還指出隔壁那幢房子所能眺望到的景色，不久便要被一所計畫中的新建築遮蔽，而這幢舊房子還可以保留多年對江面景色的眺望。

卡爾立刻對此建議表示反對，並說他對這幢舊房子絕無意願。但約瑟夫·戴爾並不申辯，他只是認真地傾聽著，腦中飛快地思考著，究竟卡爾的意思是想要怎樣呢？卡爾始終堅決地反對買原來的舊房子，這正如一個律師在論證自己的辯護，然而他對舊房子的木料、建築結構所下的批評，以及他反對的理由，都是些瑣碎的地方。顯然可以看出，這並不是出於卡爾的意見，而是出自那些主張買隔壁新房子的職員。

約瑟夫聽著聽著，心裡也明白了八九分，知道卡爾說的並不是真心話，他心裡想買的，其實是他嘴上竭力反對的舊房子。

由於約瑟夫一言不發地坐在那裡聽，沒有反駁他，卡爾也就停下來不講了。於是，他們倆都沉寂地坐著，向窗外望去，看著卡爾非常喜歡的景色。

這時候，約瑟夫連眼皮都不眨一下，非常沉靜地說：「先生，您初來紐約的時候，您的辦公室在哪裡？」

卡爾沉默了一會兒才說：「什麼意思？就在這幢房子裡。」

約瑟夫等了一會兒，又問：「鋼鐵公司在哪裡成立的？」

他又沉默了一會兒才答道：「也是這裡，就在我們此刻所坐的辦公室裡誕生的。」

卡爾說得很慢，約瑟夫也不再說什麼，就這樣過了五分鐘，他們倆都默默地坐著眺望窗外。

終於，卡爾以半帶興奮的腔調對約瑟夫說：「我的職員們差不多都主張搬出這幢房子，然而這是我們的發祥地啊。我們差不多可以說都在這裡誕生、成長的。這裡實在是我們應該永遠長駐下去的地方呀！」於是，在半小時之內，這件事就完全辦妥了。

約瑟夫並沒有利用欺騙或華而不實的推銷術，也不炫耀許多精美的圖表，這位房屋經紀人居然就這樣完成了他的工作。

原來約瑟夫經過集中全部精神考察卡爾心中的想法，並根據考察的結果，很巧妙地刺激了卡爾的隱衷，使其內心的想法完全透露出來。他就像一個燃火引柴的人，以微小的星火，觸發熊熊的烈焰。

3. 以對方感興趣的人或事間接打動對方

一位推銷員奉命到印度去推銷公司經過數次談判都沒有談成的軍火生意。他事先給印度軍界的一位將軍電話，但隻字不提合約的事，只是說：「我準備到加爾各答去，這次是專程到新德里拜訪閣下，只見一分鐘的面就滿足了。」那位將軍勉強地答應了。

推銷員來到將軍的辦公室後，將軍先聲明，「我很忙，請勿多占時間！」冷漠的態度讓人覺得要談成這筆生意幾乎無望。

然而，推銷員說出的話，卻更讓人感到意外。「將軍閣下！您好。」他說：「我衷心向您表示謝意，感謝您對敝公司採取如此強硬的態度。」

將軍感到莫名其妙，竟一時語塞。

「因為您使我得到了一個十分幸運的機會，在我過生日的這一天，又回到了自己的出生地。」

「先生，您出生在印度嗎？」冷漠的將軍露出了一絲微笑。

「是的！」推銷員打開了話匣子，「二十五年前的今天，我出生在貴國名城加爾各答。當時，我父親是法國密歇爾公司駐印度的代表，印度人民是好客的，我們一家的生活得到了很好的照顧。」

接著，推銷員又娓娓動聽地談了他對童年生活的美好回憶，「在我過三歲生日的時候，鄰居的一位印度老太太送給我一件可愛的小玩具，我和印度小朋友一起坐在象背上，度過了我一生中最幸福的一天……。」

將軍被深深感動了，當即提出邀請說：「您能在印度過生日真是太好了，今天我想請您共進午餐，表示對您生日的祝賀。」

汽車駛往飯店途中，推銷員打開公事包，取出顏色已經泛黃的合影照片，雙手捧著，恭恭敬敬地放在將軍面前。「將軍閣下，您看這個人是誰？」

「這不是聖雄甘地嗎？」

「是呀！您再仔細瞧瞧左邊那個小孩，那就是我。四歲時，我和父母一道回國途中，曾經十分榮幸地和聖雄甘地同乘一條船。這張照片就是那次在船上拍的，我父親一直把它當作最寶貴的禮物珍藏著。這次回來，我還要拜謁聖雄甘地的陵墓。」

「我非常感謝您對聖雄甘地和印度人民的友好感情。」將軍緊緊握住了推銷員的手。

當推銷員告別將軍回到住處時，這宗大買賣已拍板成交。

他成功的祕訣是什麼呢？在不能正面說服的情況下，採用「智取」的策略，激起對方的興趣，間接打動對方。

4. 從對方的觀點來看待事情

迪肯斯經常在他家附近的一處公園內散步和騎馬，他非常喜歡橡樹，因此當他看到那些嫩樹和灌木，一季又一季地被一些不必要的大火燒毀時，覺得十分傷心。那些火災並不是吸菸者的疏忽所引起的，它們幾乎全是由那些到公園內享受野外生活、在樹下煮蛋或烤熱狗的小孩所引起的。有時候火勢太猛，還必須出動消防隊來撲滅。在公園的一個角落裡，立著一塊告示牌說，任何人在公園內升火，必將受罰或被拘留，但那塊牌子立在公園偏僻角落裡，很少人看到。

迪肯斯到公園去騎馬的時候，總會像管理員一樣試圖保護公家土地。剛開始的時候，他沒有試著去瞭解孩子們的看法，總是騎馬來到那些小孩子的面前，警告他們可能會因為在公園內升火而被關進監牢，並以權威的口氣命令他們把火撲滅；如果他們拒絕，就威脅要去叫人把他們逮捕起來。迪肯斯說他只是盡情地發洩看到火的不痛快，根本沒有想到孩子們的看法。

結果呢？那些孩子是服從了，只不過是很心不甘、情不願地服從。等迪肯斯騎馬跑過山丘之後，他們很可能又把火點燃了，並且極想把整座公園燒光。

隨著年歲的增長，迪肯斯對做人處世有更深一層的認識，變得更為圓滑一點，更懂得從別人的觀點來看事情。於是，他不再下命令，改為騎馬來到那堆火前面，說出了下面的這段話：「玩得痛快嗎？孩子們，你們晚餐想煮些什麼？我小時候也很喜歡自己升火，當然，現在還是很喜歡；但你們應該知道，在公園內升火是十分危險的。我知道你們會很小心，可是其他人就不會這麼小心了。他們來了，看到你們升火，也跟著有樣學樣，回家時卻又不把火弄熄，結果火燒到枯葉，蔓延起來，把樹木都燒死了。

「如果我們不多加小心，以後我們這兒連一棵樹都沒有了，而且你們還會因為在公園升火的行為被關入監牢內。但我不想太囉嗦，掃了你們的興。我很高興看到你們玩得十分痛快，但能不能請你們現在立刻把火堆旁邊的枯葉全部撥開，然後在你們離開之前，用泥土把火堆掩蓋起來？下一次如果你們還想玩火，能不能麻煩你們改到山丘的那一頭，就在沙坑裡升火？在那裡就不會造成任何損害……真謝謝你們，孩子們，祝你們玩得愉快。」

這種說法有了很不同的效果！使得那些孩子們願意合作，不勉強、不憎恨。他們並沒有被強迫接受命令，他們保住了面子便會覺得舒服一點，也不會故意和人唱反調。

還有一個例子是這樣的：澳洲南威爾斯的伊莉莎白．諾瓦克過了六個星期還沒有付出買汽車的分期付款。在一個星期五，負責她買車子分期付款帳戶的一名男子打電話來，不客氣地告訴她說：「如果在星期一早晨您還沒有繳出一百二十二塊錢的話，我們公司會採取進一步的行動。」

結果伊莉莎白還是沒有辦法籌到錢，因此在星期一一大早接到他的電話時，聽到的就沒有什麼好話了。但是伊莉莎白並沒有發脾氣，她以對方的觀點來看這件事情。她真誠地抱歉給他帶來了很多麻煩，並且說：「由於這已經不是我第一次過期未付款，我一定是令您最頭痛的顧客。」

那名男子一聽到這些話，立刻舉出好幾個例子，說明好些顧客有時候極為不講理，有的時候滿口謊言，更常有的是躲避他，根本不跟他見面。伊莉莎白一句話也不說，讓他吐出心裡的不快。然後根本不需要她請求，他說就算她不能立刻付出所欠的款項也沒有關係，如果她在月底先付給他二十元，在她方便的時候再把剩下的欠款付給他，一切就沒有問題了。

因此，如果你想改變人們的看法，而不傷害感情或引起憎恨，請試著誠實地從他人的觀點來看事情。

別人的種種想法一定存在著某種原因，只要查出隱藏的原因，就等於擁有解答他的行為、也許是他的個性的鑰匙。如果你對自己說：「要是我處在他的情況下，我會有什麼感覺？有什麼反應？」那你就會節省不少時間及不必要的苦惱，大大增加你在做人處世上的技巧。

5. 把你的希望和願望變成對方的

尤金．威森為一家專門替服裝設計師和紡織品製造商設計花樣的畫室推銷草圖，一連三年，威森先生每個星期都去拜訪紐約一位著名的服裝設計師。「他從不拒絕見我，」威森先生說：「但他也從來不買我的東西，他總是很仔細地看我的草圖，然後說：『不行，威森，我想我們今天談不攏了。』」經過一百五十次的失敗，威森終於明白自己過於墨守成規，於是他下定決心，每個星期撥出一個晚上去研究做人處世的哲學，以發展新觀念、創造新的熱忱。

不久，他就急著嘗試一項新方法。他隨手抓起六張畫家們未完成的草圖，衝入服裝設計師的辦公室。「如果你願意的話，希望你幫我一個小忙。」他說：「這是一些尚未完成的草圖，能否請你告訴我，我們應該如何把它們完成才能對你有所幫助？」

服裝設計師默默看了那些草圖一會兒才表示，「把這些圖留在我這兒幾天，然後再回來見我。」

三天後威森又去拜訪，獲得他的某些建議，取了草圖回到畫室，按照服裝設計師的意思把它們修飾完成。結果呢？全部被接受了。

從那時候起，那名服裝設計師已訂購了許多其他的圖案，這全是根據他的想法畫成的——而威森卻淨賺了一千六百多元的傭金。「我現在終於明白，為什麼我這麼多年來一直無法和他做成買賣。」威森說：「我以前只是催促他買下我認為他應該買的東西，現在我的做法正好相反，我鼓勵他把他的想法交給我，他現在覺得這些圖案是他創造的，確實也是如此。我現在用不著去向他推銷，他就會自動購買。」

6. 強調最大、最關鍵的理由

多年前，拿破崙．希爾曾應邀向俄亥俄州監獄的受刑人發表演說，他一站上講台，立刻看到眼前的聽眾之中，有一位是他在十年前就已認識的朋友比爾，他是一位成功的商人。

希爾演講完畢後，和比爾見面談了一談，發現他因為偽造文書而被判二十年徒刑。聽完他的故事之後，希爾說：「我要在六十天之內使你離開這裡。」

比爾臉上露出苦笑，「我很佩服你的精神，但對你的判斷力卻深感懷疑。你可知道，至少已有二十位具有影響力的人士，曾經運用他們所知的各種方法想使我獲得釋放，不過一直沒有成功，這是辦不到的事！」

大概就是因為他最後的那句話：「這是辦不到的事！」向希爾提出了挑戰，他決定向比爾證明，這是可以辦得到的。

希爾回到紐約市，請他的妻子收拾好行李，準備在哥倫布市——俄亥俄州立監獄所在地，停留一段不確定的時間。

希爾的腦海中有一項「明確的目標」，這項目標就是要把比爾弄出監獄，他從來不曾懷疑自己能否使比爾獲釋。

他和妻子來到哥倫布市的第二天，希爾前去拜訪俄亥俄州長，向他表明了此行的目的。「州長先生，我這次是來請您下令把比爾從俄亥俄州立監獄中釋放出來。當然，我有充分的理由請求您釋放他。在服刑期間，比爾在俄亥俄州立監獄中推出一套函授課程，影響了俄亥俄州立監獄中兩千五百一十八名囚犯中的一千七百二十八人，他們都參加了這個函授課程，他還設法請准獲得足夠的教科書及課程資料，使這些囚犯能夠跟得上功課。難得的是，他這樣做並未花費州政府的一分錢。

「監獄的典獄長及管理員告訴我，比爾一直很小心地遵守監獄的規定。當然了，一個能夠影響一千七百多名囚犯努力學習的人，絕對不會是個壞傢伙。我來此請求您釋放比爾，因為我希望您能指派他擔任一所監獄學校的校長，這將可使得美國其餘監獄的十六萬名囚犯獲得向善向學的機會，我準備擔負起他出獄後的全部責任，這就是我的要求。但是，在您給我回覆之前，我希望您知道，我並不是不明白，如果您將他釋放之後，您的政敵可能會藉此機會批評您。事實上，如果您將他釋放，而又決定競選連任的話，可能會使您失去很多選票。」

俄亥俄州州長維克．杜納海先生緊握住拳頭，寬廣的下巴顯示出堅定的毅力。他說：「如果這就是你對比爾的請求，我將把他釋放，即使這樣做會使我損失五千張選票也在所不惜……。」

這項說服工作就此輕易地完成了，而整個過程費時竟然不超過五分鐘。

三天後，州長簽署了特赦狀，比爾走出監獄的大鐵門，他再度恢復了自由之身。

希爾先生之所以能夠成功地說服州長，和他的周密考慮和精心安排是分不開的。希爾事先瞭解到，比爾在獄中的行為良好，對一千七百二十八名囚犯提供了良好的服務，當他創辦了世界上第一套監獄函授課程時，同時也為自己打造了一把打開監獄大門的鑰匙。

既然如此，那其他請求釋放比爾的那些大人物，為何無法成功地使州長答應呢？他們之所以失敗，主要是因為他們請求州長的理由不充足。他們請求赦免比爾時所用的理由是：他的父母是著名的大人物，或者說他是大學畢業生，而且也不是什麼壞人。他們未能提供給俄亥俄州長充分的動機，使他覺得自己有充分的理由去簽署特赦狀。

但是希爾在見州長之前，先把所有的事情研究了一遍，並想像如果自己是州長，什麼樣的說辭才最能打動他。

希爾是以全美國各監獄內十六萬名男女囚犯的名義，來請求釋放比爾，因為這些囚犯可以享受到函授課程的利益。他絕口不提比爾有聲名顯赫的父母，也不提自己以前和他的友誼，更不提他是值得我們幫助的人。他用更大、更有意義的理由來打動州長，因此，希爾成功了。

7. 以給對方幫忙的形式提出請求

已故的哈伯博士原是芝加哥大學的校長，也是他那一時代最好的一位大學校長，他喜愛籌募數額龐大的基金。

一次，哈伯先生需要額外的一百萬美元來興建一座新的建築物，他拿了一份芝加哥百萬富翁的名單，研究可以向什麼人籌募這筆捐款，結果他選了其中兩個人，他們都是百萬富翁，而且彼此都是仇恨很深的敵人。

其中一位當時是芝加哥市區電車公司的總裁。哈伯博士選了一天的中午時分拜訪，因為在這個時候，辦公室的員工，尤其是總裁的祕書，可能都已外出用餐了，於是他悠閒地走入總裁的辦公室。

對方對於他的突然出現大吃一驚。

哈伯博士自我介紹道：「我叫哈伯，是芝加哥大學的校長。請原諒我自己闖了進來，因為我發現外面辦公室並沒有人，所以我只好自己決定，走了進來。

「我曾多次想到你以及你們的市區電車公司，你已經建立了一套很好的電車系統，而且我知道你從這方面賺了很多錢。但是我只要一想到，有一天你走了之後，並未在這個世界上留下任何紀念物，除了金錢，可是金錢一旦易手，很快就會被人忘記它原來的主人是誰。

「我常想要提供一個讓你的姓名永垂不朽的機會。我可以允許你在芝加哥大學興建一所新的大樓，以你的姓名命名。我本來早就想給你這個機會，但是學校董事會的一名董事，卻希望把這份榮譽留給X先生（這位正是電車公司總裁的敵人）。不過，我個人在私底下一向欣賞你，而且我現在還是支持你，如果你能允許我這樣做，我將去說服董事會的反對人士，讓他們也來支持你。

「今天我並不是來要求你作成任何的決定，只不過是我剛好經過這兒，想順便進來坐一下，和你見見面、談一談。你可以把這件事考慮一下，如果你希望再和我談談，麻煩你有空時撥個電話給我。

說完這些，他低頭致意，然後退了出去，不給這位電車公司的總裁表示意見的機會。事實上，總裁根本沒有任何機會說話，都是哈伯先生在說，這也是他事先如此計畫的。他進入對方的辦公室只是為了埋下種子，他相信只要時間來到，這個種子就會發芽、成長、壯大。

「再見，先生！很高興能有這個機會和你聊一聊。」

果然，正如他所預想的那樣，他剛回到大學的辦公室，電話鈴聲就響了，是那位總裁打來的電話，他要求和哈伯博士碰個面。第二天早上，兩人在哈伯博士的辦公室見了面，一個小時後，一張一百萬美元的支票已經交到哈伯博士的手上了。

為了清楚地展示哈伯先生說服別人的高明之處，我們不妨再來做這樣的假設：他在和那家電車公司的總裁見面後，開頭就這樣說：「芝加哥大學急需基金建造大樓，我特地前來請求你協助。你已經賺了不少錢，應該對這個使你賺大錢的社會盡一份力量才對（也許，這種說法是正確的）。如果你願意捐一百萬美元給我們，我們將把你的姓名刻在我們所要興建的新大樓上。」真是這樣，結果會如何呢？

顯然，沒有充分的動機足以吸引這位總裁的興趣，這些話也許說得很對，但他可能不願承認這一事實。

哈伯博士的高明之處就在於，他以特殊的方式提出說詞、製造機會。他使總裁處於防守的地位（似乎是哈伯在給他幫忙，而不是有求於他）。他告訴這位總裁說，他（哈伯博士）不敢肯定一定能說服董事會接受這位總裁，讓他的姓名出現在新大樓，因為他在總裁腦中灌輸了這個念頭：如果他不捐款的話，他的對手可能就要獲得這項榮譽了。

哈伯博士是位傑出的推銷員。當他請人捐款時，總是先為自己能夠成功獲得這項捐款而鋪路，他先在請求捐款對象的腦海中，埋下為什麼應該把錢捐出的一個充足的好理由，這個理由自然會向捐款對象強調捐款後的某些好處。通常，這種好處都是屬於商業上的，同時它也會去吸引捐款對象天性中的某些興趣，以促使他希望自己的姓名能夠在他死後永垂不朽。

8. 給對方體面的藉口

廣告人可以說個個都是找藉口的高手，當即溶咖啡在美國首度推出時，曾有這樣一段故事：公司方面本來預測這種咖啡的簡單、方便會大受家庭主婦的歡迎，沒想到事與願違，其銷售並無驚人之處。姑且不論味道問題，大概是因為「偷工減料」的印象太強的關係，因為在美國，咖啡一直都是必須在家裡從磨豆子開始做起的飲料，現在只要注入熱水就能沖出一大杯來，怎麼看都似乎太過省事了。

所以，廠商便從簡單、方便的正面直接宣傳，改為強調「可以有效利用節省下來的時間」的廣告戰略。所謂「請把節省下來的時間，用在丈夫、孩子的身上。」這種改變形象的作戰，去除了身為使用者的主婦們「對省事的東西趨之若鶩」的內疚，因為「我使用速成食品，一點也不是為了自己的享樂，而是因為可以把節省下來的時間用到家人身上。」此後，銷售量年年急速上升，自是不在話下。

任何事物都有一體兩面，說到傳統，其背後的意思就是古板。只強調即溶咖啡的省事與便利，要完全去除其負面印象可說是相當困難的；但是，如果將「偷工」改變一種看法，就成了節省時間。總之，藉口強調偷工的反面意義，即溶咖啡便緊緊抓住了消費者的心。

9. 明白講出所提建議的前因後果

在說服別人的時候，明白講出所提建議的前因後果，比把自己的觀點強加於人更有效。比如，志豪、阿青兩個人都是由妻子「掌握財權」，最近都感到日常開銷窘迫，都想增加自己的零用錢。

晚飯後，志豪約妻子外出散步，兩個人邊走邊聊，直到妻子說：「最近物價好像有些上漲……。」

他感覺到機會來臨，忙乘機說：「可不是嗎？妳想想，上次加錢是什麼時候？好像已經很久了……妳知道嗎？近來同事都說我變小氣了，這樣會影響到我的人際關係。再這樣下去，我一定會受到大家的排擠。妳也曾經在社會上工作，應該瞭解被人排擠的滋味吧！這絕對會影響到工作績效，我想妳一定能瞭解並體諒我的苦衷。」

妻子想了想說：「是呀，好久沒有調整零用錢了，萬一影響工作就不好了。這樣吧，從這個月開始，每個月多給你兩千元的零用錢吧！」

志豪說服的手段高明，因此進行得相當順利。相比之下，阿青就遜色得多了。

為了給自己壯膽，他回家前先喝了幾杯，然後臉紅脖子粗地對妻子說：

「聽著，從這個月開始零用錢再多給我兩千元。妳到底有沒有替我想想，現在這個樣子，酒不能喝、菸也不能抽，這怎麼行呢？總之，趕快給我加錢……。」

阿青的太太聞言不禁火冒三丈，「你說的是什麼鬼話！不是才剛加了錢嗎？你哪一天不是喝得醉醺醺才回來，菸也抽得那麼凶，還說什麼沒菸抽、沒酒喝！開玩笑，不行！」

阿青馬上反擊，「剛加錢？那已經是一年前的事了。喂，只要妳少看幾場電影，不就多出兩千元了嗎！」

太太生氣了，沒有說話。

阿青看太太有些動怒，便軟化態度，溫和地說道：「好吧，那就加個一千元吧。」

阿青的太太還是沒有說話。

同樣是勸說妻子給自己增加零用錢，志豪輕易地成功了，阿青卻引發了一番爭吵，這是為什麼呢？因為阿青的勸說根本沒有表達出勸說的真義，只是一味地將自己的想法強加給對方，太太無法完全理解丈夫要求加錢的理由。而志豪將自己在公司的狀況明確地告訴妻子，讓妻子瞭解到這種狀況如果持續下去，對於她也是相當不利的。於是太太細思後發覺如不增加丈夫的零用錢，的確會使家庭和自己的利益受損，便很爽快地答應了。

10. 組織好開頭幾句話

你要與經理進行一次面談，讓他同意你改變所在部門現有的工作內容和程序，開場白該怎麼說比較好？

「我認為我們的工作存在一個問題，可以和你面談幾分鐘嗎？」這肯定不是好的開頭。

「約翰，我有一個能增強部門效率的主意，什麼時候有空我們討論一下？」這要好得多。

在策劃開場白時，我們需要想一想對方有什麼理由要聽我們說，所以在開頭幾句話裡，就應該把對方能從中領略的實惠、理由和動機考慮進去。

還有，把你打算用在重要會見中的開場白記錄在案也是個不錯的主意。有人擔心一旦寫下來再說的時候會顯得生硬或不自然，專家認為情況剛好相反！

很多銷售人員會激烈反對把產品用途說明記下來，理由如下：

「那會使我說起話來像是在讀劇本。」

「那會使我對顧客提的問題無言以對。」

「如果顧客不按我記下的步驟走怎麼辦？」

演員演戲也都是有腳本的，他們對什麼時候該說什麼一清二楚，可他們並沒有把話說得乾巴巴的呀！知道要說什麼之後，我們才能把注意力集中在如何說好它們上。

事先瞭解談話可能的走向，能使我們有針對性地考慮怎樣回答、做何聲明，這都是我們應當周密安排的。

11. 以讚美的方式勸說

在飯店裡，我們聽過服務員經常使用這樣的語句：「先生，請允許我推薦一種特別好的葡萄酒，這對那些精於品評美酒的人是再合適不過了。是的，有一點兒貴，不過我想你會喜歡的，你願意嚐嚐嗎？」

這樣讚美我們的鑑賞力，我們怎能拒絕？我們不能，而且價格因素增加了葡萄酒的誘惑力，我們透過向周圍人顯示有能力消費生活中的奢侈品，使自己的能力表現需求得到了滿足。

有一天晚上，在一家義大利餐館，一位顧客點了一瓶白葡萄酒，老闆對他說：「你點得好極了，先生。那麼上主菜時你願意用哪種酒呢？」

我們相信，顧客原只打算要一瓶葡萄酒，現在他還得要一瓶紅葡萄酒與主菜相配。他被說服了。

為了達到影響他人的目的而需要說些恭維話時，我們一定要顯得誠懇，而且要注意只恭維他人的行為，不恭維他人本身。

12. 強調彼此是為相同的目標而努力

為了說服對方，要盡可能使對方在一開始的時候就說「是的」，而不使他說「不」。

因為一個否定的反應是最不容易突破的障礙，當一個人說「不」時，他所有的人格尊嚴都要求他堅持到底，也許事後他覺得自己的「不」說錯了；然而，他必須考慮到寶貴的自尊，既然說出了口，他就得堅持下去。因此一開始就讓對方採取肯定的態度，是最最重要的。

用這種方法，曾令紐約市格林威治儲蓄銀行的職員詹姆斯·艾伯森挽回了一名即將失去的主要顧客約翰。

事情是這樣子的。約翰要開一個戶頭，艾伯森拿出表格讓他填，有些問題約翰心甘情願地回答了，但有些則拒絕回答。

在研究做人處世技巧之前，艾伯森一定會對約翰說：「如果您拒絕對銀行透露那些資料，我們就無法讓您開戶頭。」當然，像那種斷然的方法，會使自己覺得痛快，因為表現出了銀行的規矩不容破壞。但那種態度，自然不能讓一個進來開戶頭的人有一種受歡迎和受重視的感覺。那天，艾伯森決定不談論銀行所要的，而談論對方想要的。最重要的是，他決定在一開始就讓客戶說「是」，因此他換了一種說法，「您拒絕透露的那些資料，也許並不是絕對必要的。」「是的，當然。」約翰回答。

「但是你難道不認為，把你最親近的親屬名字告訴我們，是一種很好的方法，萬一你去世了，我們就能正確並不耽擱地實現你的願望嗎？」艾伯森又說。

「是的。」接著，約翰的態度軟化下來，當他發現銀行需要那些資料不是為了自己，而是為了客戶的時候，他改變了態度。在離開銀行之前，約翰不只告訴艾伯森所有關於他自己的資料，還在艾伯森的建議下，開了一個信託戶頭，指定他母親為受益人，而且很樂意回答所有關於他母親的資料。

記住，若一開始你就讓對方說「是」，他就會忘掉你們爭執的事情，而樂意去做你所建議的事。

第五章
領導部屬的訣竅

不要隨意挖苦和謾罵部屬，

因為部屬也可能是壞你好事的人，

給他們保留面子也是通往成功之路所需要注意的。

培養員工自尊的七大訣竅

在理性上，我們容易承認「失敗為成功之母」，但在實踐中，我們常常避諱失敗，不容忍錯誤，甚至苛求犯有過失的人。

希爾頓飯店在選拔、使用人才方面做得很好。希爾頓飯店中的許多高級職員，大都是從基層逐步提拔上來的，由於這些人有豐富的經驗，所以經營管理很出色。

希爾頓對提拔的每個人都很信任，放手讓他們在作業範圍中發揮聰明才智，大膽負責地工作。如果他們犯錯，他常常單獨把他們叫到辦公室，先鼓勵安慰一番，告訴他們：「當年我在工作中犯過更大的錯，你這點小錯誤算不得什麼，凡是工作的人，都難免會出錯。」然後，他再客觀地幫他們分析錯誤的原因，並一同研究解決問題的辦法。

他之所以對部屬犯錯採取寬容的態度，因為他認為只要企業的高層主管，特別是總經理和董事會的決策是正確的，員工犯些小錯誤是不會影響大局的。如果一味地指責，反倒會打擊一部分人的工作積極性，從根本上動搖企業的根基。希爾頓的處事原則，使全部的管理人員都願為他奔波效命，對工作兢兢業業、認真負責，這也許是他成功的一個祕訣。

人們都喜歡在感覺良好的企業工作，《哈佛商業周刊》前任主編R．坎特預言：「最善於創造良好工作環境的企業，將能吸引並留住技能最優秀的員工加入。」

對於聽信這一預言的企業來說，現在就必須根除充滿隔閡、令人沮喪和不滿的工作環境，必須開辦培訓課程，教導管理者和員工如何共同營造提高自尊的工作氛圍。

具有強烈自尊心的人，更能得心應手地處理生活中的問題。他們富有靈活性，更可能具有創造性及締造積極的工作關係，願意尊重他人，能更多地體驗到生活中的樂趣。但是，如何建立自尊？如何幫助別人培養自尊？以下介紹的七種行為訣竅或許對你有所幫助：

1. 讓員工感到被尊重

要體現出對員工的尊重，就要對員工以禮相待，滿懷體諒地認真聆聽，並保持目光交流。應避免對員工說教，避免用一種居高臨下或嘲諷的口氣說話。絕大多數的情況下，人們在生活中沒受到應有的尊重，因此也就不太善於尊重別人。更糟的是，自尊心差的人在充滿壓力的環境中，往往變得武斷、急躁和出言不遜，把他們苦心培養起來的所有交流技巧忘得一乾二淨。不論環境如何，如果你對員工充滿惡意、瞧不起或缺乏尊重，就別指望員工創造出卓爾不凡的業績。

2. 賦能授權

「賦能」就是給予員工做好工作所需的知識和技能；「授權」就是支持員

工自我負責。未經培訓員工可能一事無成；失去責任感，員工往往只管做，而不願去動心思。被賦能的人對自己具有良好的感覺，因為他們有機會做出卓越的表現；被授權的人也具有良好的自我感覺，因為他們能對自己的一生負責。

3. 言行和諧一致

外在的言行與內心的感受相結合時，人的行為是和諧的。一致是指人的行為合乎自己的個性，而且合乎企業組織及個人的價值觀念。如果管理階層的言行不和諧一致，輕則引起員工的困惑，重則會失去員工的信任。你只有對員工表現真誠、坦誠不欺，才能在員工中贏得信賴。要是他們從不開誠佈公地和員工交流，又怎麼指望員工向他們敞開心扉？

4. 營造安全感

在一個「安全」的環境裡，人們感到他們可以暢所欲言，不必擔心受到嘲諷或譴責，他們可以放心承認「我犯了個錯誤」。李·亞科卡在他的《直言不諱》

書中建議：「只有主管才能創造一種氛圍，讓員工可以放心地說出『我不知道』和『但我會弄明白的』這些富有魔力的字眼。」

人們有了安全感後，自然會變得好奇。要是失去安全感，他們就會心懷戒備，變得矜持、膽小、牢騷滿腹，所有這些表現都不利於創造頂尖業績。其實，許多管理者都可以學會去創造一種更具安全感的工作環境，以激發員工主動進取、公開交流、更富團隊精神。

5. 表明個人的處事原則

多數員工從未學過如何確定同別人交往的尺度，從沒學過如何得體地提醒別人的過分行為、表示自己不能接受。任何過分行為都是不可接受的，每個人都有權制定自己的處事原則，在這方面你可以以身作則。有時，管理者需要提醒出言不遜的員工，「你的行為我完全不能接受，再這樣下去後果自負。」

對此，你所面臨的挑戰，是如何不卑不亢地表明自己的原則，以免傷害別人的人格或獨斷專行。

6. 查明員工業績滑落的原因

員工業績差強人意時，首先要努力瞭解業績出現差距的原因，在採取措施糾正問題之前，應幫助自己和員工搞清楚對此有何看法。

7. 認真觀察員工的行為，給予建設性的回饋

一種最有效的培訓方式是對員工的業績及時給予富有建設性的回饋。管理者應抓住一切可能的機會，具體瞭解員工的業績強項，然後提出具體的業績改進回饋。

在工作場所增強員工的自尊心，這種觀念並非是一個可望而不可及的夢想，但要把它變為現實，每個人都必須致力於學習新技能，和創造積極培養自尊的工作場所。

批評有風險

批評是一劑瀉藥，它不好吃，也有風險，所以聰明的上司要慎用批評。批評不能像讚揚那樣隨便，一定要準備充分、證據十足，要一下子讓部屬心服口服。信口開河的批評、大發雷霆的責罵都要盡量避免，因為這既不容易收到效果，又容易傷對方的心，不利於你協調好與部屬之間的人際關係。

要批評的對象大多是犯了錯誤，又沒有認識到錯誤或認識不深刻的部屬，而對已經認識到錯誤又有悔改之意的部屬，要寬宏大量，不要批評。因為從效果來看，批評要達到的目的是讓人改正悔過，既然部屬已經知錯，再批評豈不多餘？寬宏大量會使他感激不盡，而指責說不定會傷了感情，留下後患。

有一種情況是不宜用批評的，那就是大多數人都犯錯之時。中國有句成語：「法不責眾」，受批評的人多了，大家都會覺得無動於衷，每個人都會這樣想：「大家都這樣，又不是只有我一個人，為什麼……。」這時他們會覺得你嘮嘮叨叨、吹毛求疵，十分討厭，說不定還會「犯眾怒」。

那麼這時應該怎麼辦呢？聰明的上司這時應當用表揚。比如，總經理召開工作會議，只有財務部主任準時到達會場，其他人全部遲到十五分鐘左右，總經理大為惱火，但他沒有批評任何人，只是表揚了財務部主任，大大地讚揚他工作作風嚴謹，結果其他人聽後都面帶愧色。

這顯然是十分聰明的，在遲到的人中很可能有人有正當理由，必然覺得冤枉要申辯，他一申辯，其他人也會申辯，最後不但達不到目的，還把大多數人得罪了。

其實在場的，誰也不怕責罵，因為有這麼多人陪著，又不丟臉，一旦有人申辯，都會跟著起鬨。若把「有正當理由的」和「沒正當理由」的部屬區別對待又不可能，所以在這時表揚少數人是最佳的選擇，既表揚了好的，又壓抑了不好的，既沒有得罪大多數人，同時又痛打了他們的臉，叫他們有口難辯。

總之，能用表揚的地方盡量不要用責罵，雖然有恩威並施的說法，棍棒應當有，可不一定非要使用它，作為一種威懾力存在，它也同樣有作用。

間接提醒他人的失誤

戴爾．卡內基曾經指出：人類的天性是渴望被肯定，對被否定反感。無論一個人錯得多麼離譜，在一百次中有九十九次，沒有人會責怪自己任何事。

世界著名的心理學家史京納以他的實驗證明，在學習方面，一隻有良好行為就得到獎勵的動物，要比一隻因行為不良就受到處罰的動物學得快得多，而且更能夠記住牠所學的。人類也有著同樣的情形，我們用批評的方式，通常並不能夠使別人進步，反而常會引起憤恨。

做錯事的人只會責怪別人，而不會責怪自己。因此當你很想批評別人的時候，我們要明白，批評就像家鴿，它們總會回來的；我們還要明白，被糾正和指責的人，可能會為自己辯護，反過來譴責我們；或者，像文雅的塔虎脫那樣，他會說：「我看不出我怎樣做，才能有更好的結果。」

一八四二年秋天，林肯取笑了一位自負而好鬥、名叫詹姆斯・史爾茲的愛爾蘭人。林肯在《春田時報》刊出了一封未署名的信，譏諷他一番，令鎮上的人都捧腹大笑起來。史爾茲是個敏感而驕傲的人，氣得怒火中燒。他查出寫那封信的人是誰，跳上了馬去找林肯，跟他提出決鬥。對方給他選擇武器的自由，因為林肯的雙臂很長，於是選擇騎兵的長劍，並跟一名西點軍校的畢業生學習舞劍。決鬥的那一天，他和史爾茲在密西西比的一個沙堆碰頭，準備決鬥至死為止，但是在最後一分鐘，他們的助手阻止了這場決鬥。

這是林肯一生中最恐怖的私人事件。在做人的藝術方面，他學到了無價的一課，他從此再沒有寫過一封侮辱人的信件，也不再取笑任何人了，從那時候起，他沒有為任何事批評過任何人。

南北戰爭的時候，一次又一次，林肯任命新的將軍統帥北軍，而每一個將軍像是：麥克時藍、波普、伯恩基、胡克爾、格蘭特全都相繼慘敗，使得林肯只能失望地踱步。全國有一半的人，都在痛罵那些差勁的將軍們，但林肯因為

「不對別人缺德，只對大家祝福」，一聲也不吭。他喜歡引用的句子之一是「不要評議別人，別人才不會評議你。」

當林肯太太和其他人對南方人士有所非議的時候，林肯回答說：「不要批評他們，如果我處在同樣情況之下，也會跟他們一樣。」

蓋茨堡之役發生在一八六三年七月的最初三天，在七月四號晚上，李將軍開始向南撤退的時候，黑雲密布，大雨傾盆。當他帶著挫敗之軍退到波多梅克時，發現面臨了一條高漲而無法通過的河流，而身後又是一支勝利的北軍。李將軍被困住了，他無法逃脫。

林肯看出這點，這是一個天賜良機，一個捕捉李將軍的軍隊，立即結束戰爭的機會。因此他滿懷希望地命令格蘭特將軍不要召開軍事會議，立即攻擊李將軍。林肯以電話下令，又派出一名特使去見格蘭特，要他立即採取行動。而格蘭特的做法正好跟所接到的命令相反，他違反林肯的命令，召開了軍事會議。他打電話來舉出各種藉口拒絕攻擊李將軍，最後，河水退去，李將軍帶著他的軍隊從波多梅克逃脫了。

林肯勃然大怒，「這是什麼意思？」林肯對他的兒子羅勃叫起來。「老天爺！這是什麼意思？他們在我們的掌握中，我們只要伸出手來，他們就是我們的了！但我無論說什麼或做什麼，都無法使我們的軍隊移動一步。在那種情況下，幾乎任何一個將領都可以擊敗李將軍，如果我在那兒的話，我自己就可以把他殲滅。」

在痛苦、失望之餘，林肯坐下來，給格蘭特寫一封信。別忘啦，林肯這段時期用字非常保守和克制，因此他在一八六三年所寫的這封信，算是最嚴厲不過了。

我親愛的將軍：

我不相信你能體會李逃脫所引起的嚴重不幸。他本來在我們的掌握之中，當時如果對他一擁而上的話，加上我們最近的一些其他勝利，就可把戰事結

束了。結果現在呢，戰事可能會無限期地延長下去。如果你上星期一不能安全地攻打李的話，又怎麼能在渡河之後，在你只剩下少部分的兵士時——不到你當時手邊的三分之二兵力——去攻擊他呢？我無法期望你能改變形勢，若要期望你能的話，也是一種不合理的期望。你的良機已失去了，因此我感到無限的悲痛。

信雖然寫了，不過並未發出去，這封信是在林肯死後，在他的文件中被找到的。

林肯把這封信放在一旁，因為他從痛心苛刻的經驗中學到，尖銳的批評和斥責，幾乎總是無濟於事。

羅斯福總統說，他當總統時若碰到棘手的問題，常會往後一靠，抬頭望望掛在白宮辦公桌牆上那張林肯的巨幅畫像，問他自己：「如果林肯在我這種情況下，他將怎麼做？他將如何解決這個問題？」

是的，假如林肯處在我們的位置，他會怎樣做？我們每個人在批評和指責別人之前，有必要這樣想。

林肯假若處在我們的位置，他大概會這樣做：

1. 不輕易批評和指責，給他人同情和理解。
2. 如必須批評，首先說一兩句體諒的話，保住對方的面子。
3. 先表揚，後批評。
4. 間接地提醒他人注意自己的錯誤。
5. 讓對方覺得他的過失並不難以改正。

總之，必須繞開人性的弱點，防止批評和指責可能帶來的負面效果，這樣才能最大限度地減少人們的惡感，這是贏得人心所至少必須做到的。

不要隨便發怒

1. 部屬做錯了事不要馬上對他發怒

做錯事是難免的，不能要求部屬一點錯都不出，主管要細心分析他出錯的原因，要全面看待部屬。只能要求部屬少出錯，特別在重要環節上盡可能不出錯。一旦在工作中出現了差錯，甚至造成一定後果時，主管一定要冷靜處理，千萬不能火上澆油。可以想像，沒有哪一個部屬希望自己的工作出現紕漏，因此在一般情況下，部屬做錯了事，主管應冷靜處理，不要急於批評，更不要對他發火。

在這方面有經驗的主管往往先以安慰和平息事態為主，然後再詳細瞭解情況，總結經驗教訓，除非確有必要，一般不要求部屬公開檢查，而是全面分析、考察部屬的行為。無數事實說明，部屬在捅了漏子、出了差錯以後，主管越是心平氣和、寬宏大量，部屬越能自覺地檢查自己的過錯，竭力做好彌補工作。

2. 當部屬頂撞自己時不要發怒

一個主管要成功地駕馭部屬必須以德感人、以理服人，以能力和實力成績取信於人。所以當部屬頂撞時要特別冷靜，要多問問自己究竟錯在哪裡，千萬不要沉不住氣，急於把部屬壓下去，採取壓服的辦法，到頭來只能是壓而不服，真正傷感情、丟面子的還是主管本人。

3. 個人私事引起情緒不好時，不要對部屬發怒

主管在家也可能是人父、人母、人兄、人姊，也有棘手的子女問題、家庭糾紛等煩惱的事。在職場上，有的主管修養極好，不論在家中與家人發生什麼矛盾，哪怕是吵得不可開交，一進辦公室仍然像往日一樣，一點兒也看不出他心中的苦惱與不快。不過也有這樣的主管，只要在家中遇到不順心的事，或與

親友、鄰居、甚至路人發生了摩擦，就把不快帶進辦公室，這就令部屬不得不小心翼翼地與他應對。

後面這種主管從本質上說，是缺乏修養和職業道德涵養的，尤其是把家中產生的氣發洩到部屬身上，這本身就是一件不道德的行為，是與合格主管的素質不相符的。因此，每一個主管都應端正對部屬的態度，擺正自己與部屬的關係。如果一有氣就往部屬身上出，天長日久，定會遭到部屬的強烈反對，管理工作也就很難做好了。

廣開言路，成就大業

無論是企業管理者之間的「溝通」，還是員工之間的「溝通」，或者是企業管理者與員工之間的「溝通」，對於企業來說都很重要，無論哪一環節出現波動、失去團結，都會影響到企業正常的運轉。

松下電器的創辦者松下幸之助是一個自主的、坦誠的、直率的人，因此他也希望自己的員工同樣有自主性，同樣坦誠、直率，從而在公司形成一種自由豁達的風氣。

他允許員工當面發表不同的意見與不滿。第二次世界大戰前期，有一位候補員工向松下再次發表過不滿。那時的松下電器員工分一、二、三等和候補四級，這位候補員工遲遲未獲升遷，就直截了當地對松下說：「我已經在公司服務很久，自認為對公司有了足夠的貢獻，早已具備做三等員工的資格。可直到現在，我都沒有接到升級令，是不是我的努力還不夠？如果真是如此，我倒願意多接受一些指導。其實，恐怕是公司忘了我的升級了吧？」

松下對此很重視，責成人事部門查處，辦了升級手續。接著，除了立即發布升級令外，他還明確表示非常讚賞這種坦白的請求，他鼓勵大家把不滿表達出來，不要悶在心裡，如此就不會增加自己的內心痛苦，對公司也是會有很多好處的。

另外他還要求部屬如實坦白地報告外界對公司的不滿，儘管這些事情聽起來是讓經營者傷心的，但松下還是如此要求。據說，有一個員工被批發商狠狠罵了一頓，說松下的電器品質不過關，「不如去開烤蕃薯店，別再製造電器了！」員工如實地向松下報告了。隨後，松下就親自拜訪這位批發商表示歉意。那位批發商因為一時的怒氣而發了一頓牢騷，不料引得社長親自拜訪，非常不好意思。自此以後，松下公司與這家批發商的關係密切多了。

松下還有一項舉措值得一提，那就是他不限制員工越級提意見或建議。他認為那種逐級申訴的成規是不必遵行的，即使是普通員工，也可以向高高在上的社長反映問題、表明主張。為此，他提醒那些居於領導地位的幹部，要有這種心理準備，應有歡迎的姿態和支持的行動。

無論何種自由舉動，全都是為了公司的發展，說到底也是為了員工和社會的福祉。松下認為，公司既然是大家的經營體，就應該由大家來維護，只有毫不保留地建議，才能獲得人和。而充分的、來自不同方面的提案，正是事業成功的途徑。

將心比心，事半功倍

現代員工在配合工業技術升級的情況下，已面臨著更大的壓力，主管者如果要使員工全心投入工作以提高生產力，唯有主動的認識與解決員工的個人問題，方是有效利用人力資源的策略。

近年來，一些競爭力強的美國公司紛紛成立「員工協助」單位，目的在於提供員工心理保險，以解決員工的個人與家庭問題。

無論你的公司是否有這種管理制度，關心員工的心理健康已成為現代管理趨勢中較重要的一環。要做好這種心理輔導的工作，管理者首先應同員工面談，面談時要注意下列原則：

1. 時間上選擇一個星期中的前幾天，而不是接近週末的後幾天，選擇早上而不是下班之前。

2. 選擇讓員工感覺有隱私的地方，譬如辦公室附近的安靜咖啡廳，可供散步的花園或公司內的會議室，以使得面談的過程不受干擾，讓員工輕鬆自在地和盤托出。

3. 使用「我」而不是「你」的關心語言。譬如，「我對於你造成的意外事件感到焦慮不安」，而不是「你這樣焦慮不安，以至於引起許多意外事件」；「我要與你談談」，而不是「你來找我談談」。

4. 注意聆聽而不作任何建議或判斷，此外，要將談話的內容保密，會談後不與其他同事討論細節。

5. 知道自己無法解決員工問題的限制，而提供專家的協助。

與員工交談後，如果發現員工還有不良行為的傾向，要設法轉送給公司特約心理輔導專家，或者提供心理治療的機會。不良行為來自各方面：容易生氣、恐懼、情緒不穩、酗酒或吸食藥物；有自殺的想法、家庭及經濟的困擾。

不過在把有個人問題的員工轉給心理專家之後，主管也應該負起追蹤到底的責任，在第一次面談之後的兩個星期之內，主管與員工必須再度溝通，鼓勵員工表明自己的想法、感覺與意見，甚至建議解決問題的辦法。

讚美要及時

讚美之所以對人的行為能產生深刻影響，是因為它滿足了人們自尊心的需要。

人對於精神鼓勵的需求是普遍的、長期的，社會越發展越是如此。所以，我們也可以得出結論——重視讚美的作用，正確地動用它是管理者的有效管理方法之一。

讚美要及時，這是對一個人的工作、能力、才幹及其他積極因素的肯定。透過讚美，人們瞭解自己的行為活動的結果。從另一角度來說，讚美是對自我行為的回饋，而回饋必須及時才能更好地發揮作用。一個人在完成工作任務後，總希望盡快瞭解自己的工作結果、數量、品質、社會回饋等。

一番讚美，會給人帶來滿意和愉快的情緒體驗，給人以鼓勵和信心，讓人保持這種行為繼續努力。同時，人們需要透過盡快地瞭解回饋資訊，對自己的行為調節，鞏固、發揚好的方面，克服、避免不好的方面。如果回饋不及時，事過境遷，這時的讚美就沒有太大的作用了。

有一個金香蕉的故事頗能給人啟示。福克斯波羅公司在早期時，急需一項性命攸關的技術改造。有一天深夜，一位科學家拿了一台確實能解決問題的原型機，闖進了總裁的辦公室。總裁看到這個主意非常巧妙，便思考該怎樣給予獎勵，他把辦公桌的大多數抽屜都翻遍了，總算找到一樣東西，於是躬身對那位科學家說：「這個給你！」他手上拿的竟是一根香蕉，那卻是他當時能拿得出的唯一獎酬了。

自此以後，香蕉演化成小小的「金香蕉」——別開生面的別針，以此作為該公司對科學成就的最高獎賞，由此可看出福克斯波羅公司對及時表揚的重視。

不僅是重大的科技成果要及時予以獎勵，就是對部屬的點滴微小成績，上司也應引起重視，及時加以鼓勵。美國惠普公司的行銷經理，有一次為了及時表示酬謝，竟把幾磅重的袋裝果子送給一位推銷員以鼓勵他的成績。另外還有一家公司的一位「一分鐘經理」，提倡「一分鐘表揚」，即部屬做對了，上司馬上會表揚，而且很明確地指出做對了什麼。這使人們感到經理為你取得成績而高興，與你站在一條戰線上分享成功的喜悅。

這位經理的經驗是，幫助別人產生好情緒是做好工作的關鍵，正是在這種動機的指導下，他實行了「一分鐘表揚」。這樣做有三重意義：一就是表揚要及時；二是表揚要準確無誤，不含含糊糊；三是與部下同享成功的喜悅。

及時表揚是一種積極強化的手段，它可以使員工和部屬很快瞭解到自己行為的反應，有利於鞏固成績，向前發展。

不過稱讚他人時有一點需注意，那就是——是否會給他帶來一些麻煩和困擾。

有很多領導者並不知道這一點，以為在眾人面前稱讚職員，職員會心存感激。其實，當面稱讚職員與當面批評職員一樣會給職員帶來「副作用」，作為領導者必須認識到這一點。

在眾人面前過於熱情地稱讚某職員，會令被稱讚的人拘束不安，感到不自然；其餘的人則會產生妒忌。稱讚越多、越重，他們的妒忌會越強烈。如果你的稱讚有些言過其實，還會使他們鄙夷你，甚至懷疑你的話是否屬實。

其次，要注意稱讚是否實事求是。有的職員在本職工作中表現突出，做出了很好的成績，而有的職員會在本職工作外，有突出的專長和表現。對於這兩種情況，稱讚和表揚就應該有所不同。本職工作有突出表現者，你對他的成績進行表彰，會使他更努力於本職工作，並且使他對自己的成績有成就感，一般情況下，可以起到比較好的效果，但是對於工作以外的才能，就必須慎重一點。

「看來你做現在的工作並不適合，做○○工作是更適合你的，看你在這方面懂得真多呀。」這種稱讚無異於給你的職員下逐客令，很容易讓人認為你在暗示他不適合現在的工作，這將對職員造成很大的傷害。這樣一來，他的工作熱情頓減，即使主管本人沒有這個意思，也會使職員產生同樣的感覺。

但如果你說：「想不到你還是個全方位的呢！做得真好，其他工作也只好煩你代勞了！」這樣，職員就不會敏感地聯想到主管的稱讚有言外之意，也就不會造成彼此之間的誤會。由此可見，同是稱讚一個人，同是稱讚其工作以外的才能，如果稱讚的方式不妥當，效果便會大不一樣。

雖然上文已經說過，稱讚職員時，不能在眾人面前大加宣揚。那麼，是不是可以在他不在場的時候，當著其他同事的面對他進行稱讚呢？其實這種「暗中稱讚」也有其弊端。

畢竟人人都有競爭意識，人總是自覺或不自覺地和他人進行各種比較，所謂的優越和自卑也就因此種比較而產生。所以，作為主管應該避免對於不在場的人進行稱讚，更不能將在場者同不在場者進行比較。褒揚不在場者，會直接或間接指出在場者的不足，不管對於哪一方都沒有好處。

運籌帷幄，決勝千里

作為主管，你必須讓員工安排自己的工作計畫，不用任何事情都由你過問，讓員工擁有自己的頭腦，給予足夠的自由空間，讓他們自己決定怎樣才能最好地實現你所要求的結果。如果你規定了工作目標，又劃定了許多做事的條條框框，那他們當然就失去了行為的主觀能動性，所以培養員工擁有自己的頭腦，發揮員工的智慧是大有必要的。

在現實生活中，主管並非總是處在做出決定的最恰當地位，當他們做出決定時，必須充分依靠員工提供的資訊和建議。所以更為切實的做法是——尊重員工，讓員工做出某些決定，讓員工承受一些責任。

老實說，尊重員工，也是對員工的一種挑戰。他們必須對自己的決定負責，而提供建議與做出決定兩者是有區別的。有時，你也許只需向員工提供有關資料和資訊，然後由他們做出最終的決定，如果你將此視為向員工提供幫助，這是十分正確的。當員工碰到困難時，向他們提出建議和解決辦法是可行的，最後是否會被他們接受又完全取決於他們自己。因此不要鼓勵員工遇到事情就找你，否則你將背上過重的提出建議、做出決定的包袱，而成為過時的「萬能」主管。當員工帶著問題走到你身邊時，不能一開口就做出決定，因為有時只有員工才能做出決定，尤其是那些在他們工作範圍之內的決定。

讓員工擁有自己的頭腦，其前提是你必須充分相信和認可他們。你給予他們的自由空間越大，他們做的事情就越成功。當你真誠地信任員工時，如果他們對你安排的某一工作確實無法勝任，他們會主動說出並要求另換一個更合適的人選，這實際上是對你的一種負責，這比勉強答應，最後卻將事情弄得一團糟的員工更加誠實而有責任感。

第六章

與老闆交往的法則

當上司犯錯時，要給上司台階下，

否則對自己非常不利。

當他下不了台的時候，

也許就是你處境尷尬的時候。

維護「弱將」的威信

強與弱是相對存在的，既然有比較強的上司，也就有比較弱的上司，那麼，與「弱將」應該如何相處呢？

1. 要正確地看待這個「弱」字

什麼樣的上司稱為「弱將」？這恐怕是很難下定義的，在日常工作中，人們通常把那些想法水準較低、工作能力較弱、打不開工作局面的上司稱為比較弱的上司。

「弱將」中也有幾種類型——一種是表面上弱，實際上並不弱。《三國演義》第五十七回寫了萊陽縣令龐統的故事。說的是有人報知劉備，說龐統「不理政事，終日飲酒為樂；一應錢糧詞訟，並不理會。」劉備因而派張飛、孫乾前去巡視。

書中有這樣一段描寫。

飛怒曰：「吾兄以汝為人，令做縣宰，汝焉敢盡廢縣事！」統笑曰：「將軍以吾廢了縣中何事？」飛曰：「汝到任百餘日，終日在醉鄉，安得不廢政事？」統曰：「量百里小縣，些小公事，何難決斷！將軍少坐，待我發落。」隨即喚來公吏，將百餘日所積公務都取來剖斷。吏皆紛然齎抱卷上廳，訴詞被告人等，環跪階下。統手中批判，口中發落，耳內聽詞，曲直分明，並無分毫差錯。民皆叩首拜伏。不到半日，將百餘日之事，盡斷畢了。由此可見，對「弱將」不能只看表面現象，否則就會犯片面性的錯誤。

另一種是表面上強，實際上比較弱。這樣的上司往往剛愎自用、自恃高明。與這樣的上司相處，要特別注意維護他的自尊心，有什麼意見和建議，可選擇適當的時候在私下提，尤其不能當面頂撞。

2. 保持尊重

作為部屬，不論遇到怎樣的上司，想法上應該非常明確，再弱他也是你的上司，你應尊重他。與「弱將」相處，「尊重」兩字是非常重要的。如何尊重呢？

一是真誠的尊重，而不是虛假的做作。「弱將」有可能一直弱，也可能會不斷提高；他在處理這個問題上「弱」，在處理另一個問題上就不一定「弱」。因此，要特別注意多請示、多彙報，不可自作主張，架空上司。

另一是真心補強。為了大家共同的事業，部屬一定要主動、及時地為「弱將」補強。上司沒有想到的，你要多提醒；明顯有錯的，你也不要四處聲張，在執行的過程中，按實際情況辦，事後及時向他報告；他越是放權，你越要對他負責，盡心盡力把事情辦好。還有就是不要有意無意地喧賓奪主，尤其是在眾人面前，要注意突出「弱將」，多說他的長處，維護他的威信，以贏得眾人對他的尊重。

先給老闆一塊三明治

溝通的目的是達成意見或行為的共識，而建議沒有任何強加的味道，僅僅是比較兩種或多種行為所帶來的結果，哪個更加完善而優良，供對方自由選擇。

去年年底，我們公司為了獎勵員工，制定了香港旅遊計畫，我們部門分到六個名額，可是八名員工都想去，大家要求再向上級主管申請兩個名額，當時我正在會見一個客戶，於是副經理便自己去找老總，說：「老總，我們部門八個人都想去香港，可是只有六個名額，剩餘的兩個人會有意見，能不能再給兩個名額？」

老總說：「篩選一下不就得了嗎？公司能拿出六個名額就花費不少了，你們怎麼不多為公司考慮？你們呀，就是得寸進尺，不讓你們去旅遊就好了，誰也沒意見。我看這樣吧，你們兩個做部門經理的，明年再去不就解決了嗎？」

副經理洩氣地回到辦公室，我瞭解了情況，當下立即知道他失敗的原因是「只顧表達自己的意志和願望，忽視老總的心理反應」。

分析清楚情況後，我知道不能以自我為中心，要講一個站在公司的角度上考慮的緣由。

「老總，大家今天聽說要去旅遊都非常高興，覺得公司越來越重視員工了。主管不忘員工，真是讓員工感動。老總，這事是你們突然給大家的驚喜，不知當時你們如何想出這妙點子的？」

老總回答，「真的是想給大家一個驚喜，這一年公司績效不錯，是大家的功勞，考慮到大家辛苦一年，年終了，第一，是該輕鬆輕鬆了；第二，放鬆後才能更好的工作；第三，是增加公司的凝聚力。大家高興，我們的目的就達到了。」

我立刻附和，「也許是計畫太好了，我們部門的人都在爭這六個名額。」

老總又說：「當時決定六個名額是因為覺得你們部門有幾個人工作不夠積

極。你們評選一下，不夠格的就不安排了，算是對他們的一個提醒吧。」

我頻頻點頭，「其實我也同意老總的想法，有幾個人的態度與其他人比起來是不夠積極，不過他們可能有一些生活中的原因，這與我們部門經理對他們缺乏瞭解、沒有及時調整都有關係。責任在我，如果不讓他們去，對他們打擊會不會太大？如果這種消極因素傳播開來，影響不好吧。公司花了這麼多錢，要是因為這兩個名額降低了效果太可惜了。

「我知道公司每一筆開支都要精打細算，如果公司能拿出兩個名額的費用，讓他們有所領悟，促進他們來年改進，那麼他們多給公司帶來的利益，要遠遠大於這部分支出的費用，不知道我說的有沒有道理，公司如果能再考慮一下，讓他們去，我會盡力與其他兩位部門經理溝通好，在這次旅途中每個人帶一個，幫助他們放下包袱，樹立有益公司的積極工作態度，老總您能不能考慮一下我的建議。」

第二天，老闆祕書通知我，公司決定給我們部門增加兩個名額。

提出意見時，最忌諱的用語就是「你應該……。」或「你必須……。」不論你的建議多麼好，與你溝通的對方只要聽到這兩個詞，頓時生厭，產生叛逆心理，大多不會採納你的意見。

因為每個人都不願別人把他當成孩子或低能兒，他們也不是「軍人」，隨時等著接受「將軍」的命令。大多數人聽到這兩個詞時往往這麼想：「我要怎麼做，還要你來告訴我嗎？你以為你是誰？」

還有，別在老闆忙得不可開交的時候開口，在風平浪靜的時候抓住機會，適當地表現出你的決心，但不要像一頭怒吼的獅子。先給你老闆一塊三明治，告訴他你很熱愛你的公司，接著挾肉，說出你的諸多不滿，然後再說你願意與他共進退，這種方法柔化了你的凌厲攻勢，並且讓老闆知道你並不是他的一件工具。

說服老闆的技巧

李先生是一家網路公司的總經理助理，他的頂頭上司王總是學術、技術出身，由於工作重點長期放在學術研究上，因此對企業管理是個門外漢，出於對技術的鍾情與他所處的職位，王總對於技術部門的事總是親自過問，把管理體系搞得一團糟，其他部門雖然當面不敢說，私下卻議論紛紛，造成李先生與其他部門的溝通協調極為不順。

經過一番思考，李先生決定採取行動，向王總提出自己的建議。他對王總說，真正意義上的領導權威，包含著技術權威和管理權威兩大部分，王總的技術權威在公司是有目共睹的，而管理權威則相對薄弱，有待加強。王總連連點頭，並陷入了深深的思考中。

後來，王總果然將更多的精力投入到人事、行銷、財務的管理上，企業的不穩定因素得到有效控制，公司運營進入了一種良性迴圈，李先生的管理權威也得到了鞏固。在這裡，李先生巧妙地運用兼併策略從而使王總改變了立場，並獲得了成功。

在工作中，上下級之間的關係是很重要的。談話是聯繫上下級之間的一條重要樞紐，因此必須加以研究，這關係到你的發展前途和升遷問題。

下面，就與上司的說話藝術提供幾條建議：

1. 講究說話的方式

(1) 態度不卑不亢：對上司應當表示尊重，但是絕不要採取「低三下四」的態度。絕大多數有見識的主管，對那種一味奉承、隨聲附和的人，是不會予以重視的。在保持獨立人格的前提下，你應採取不卑不亢的態度。在必要的場合，你也不必害怕表示自己的不同觀點，只要你從工作出發，擺事實、講道理，主管一般是會予以考慮的。

(2) 瞭解上司的個性：作為一個人，主管也有他的性格、愛好，也有他的語言習慣，如有些人性格爽快、乾脆，有些人則沉默寡言，事事多加思考，你必須適應這一點，不要認為這是「迎合」，其實，這正是應用心理學的一門技巧。

(3) 多準備幾套方案：如果有些問題需要請示，自己應有兩個以上的方案，而且能夠向上司說明各方案的利弊，這樣有利於上司作決斷。順便一提，只有一個方案是不明智的，因為沒有選擇餘地。此外，如果上司同意了某一方案那當然最好，事後你立即把它整理成文字再呈上，以免日後產生理解上的分歧，造成不必要的麻煩。

(4) 正確彙報事實的真相：美國一位廣告大王布魯貝克在談起他年輕時的一件軼事時說，一次他所在公司的經理問他，「印刷廠把紙送來沒有？」他回答，「送過來了，共有五千令。」經理問：「你數了嗎？」他說：「沒有，是看到單上這樣寫的。」經理冷冷地說：「你不能在此工作了，本公司不能要一個不能反映清楚情況的人。」反映情況要忠實，要正確報告事實的真相，對於自己沒有把握的事情不要說，自己沒有做過的事情，不能說做得很圓滿，這樣反而使上司反感。

2. 如何得到上司賞識

公司的高層或老闆是否知道你是做什麼工作的？是否對你有較高的評價呢？大多數人都認為，只要自己表現良好，遲早會傳到上司耳中。可惜情況往往不是這樣，很可能你工作做得相當出色，可別人根本不知道。因此，我們不僅要做得好，也要能說得好，這樣才能得到上司的賞識。那麼，怎樣說才能得到上司的賞識呢？

(1) 把榮耀留給上司：這是與上司相處最有效的方法。在其他公共場合指出上司的優點，凡事讓他知道；有了成績不忘告訴同事和更高的主管，這也有上司的一份功勞；開會有上司在場時，一定不要臨時拿出新資料，應事先將資料告訴上司，由他自己提出來。總之，處處讓上司感覺到他的尊嚴與重要。

(2) 向上司傳遞員工情況：大多數的上司都希望對部屬各方面情況有所瞭解，比如某人的母親生病住院，某天是某人過生日等等，上司瞭解這些情況後，適度表示關懷可增加部屬的親近感。值得注意的是，上司所需要瞭解的，不是你對某人惡意攻擊或揭其隱私，與上司談到同事的時候，只能談論同事的長處，這樣能才有助於你和同事之間建立良好的關係，並且也讓上司看到你的為人正派可信。

(3) 不要打聽上司的隱私：上司通常會在員工下班後獨自坐在辦公室呆坐，上司也是人，在面對工作壓力時同樣會感到心情壓抑，對家庭生活也一樣會有一本難唸的經。上司有時會表現出脆弱，同樣希望得到別人的撫慰。但如果你就此肆無忌憚地探問其隱私，甚至為其出謀劃策，那就是馬屁拍在馬腿上了。要知道即使上司在最脆弱時，他也只是尋求適度的關心，就算是一杯熱茶，也足以讓上司認為你是一個善解人意的好部屬。記住，真正熱愛你的上司，出發點應是愛戴而不是利用。

3. 對意見和建議的巧妙運用

將「意見」轉化為「建議」，選擇適當的時機向上司提「建議」，值得注意的是，它不僅要包括你所提出的意見，還要包括解決問題的方案。

除了把自己的意見完整、清晰地表達給上司之外，你還必須以大量的資料作鋪墊，使意見站得住腳，否則一旦被上司問得張口結舌，就變成上司向你提意見了。

而在意見的內容無懈可擊的前提下，還要講究提意見的方法。向上司提意見本來是件好事，但如果過於「熱心」，會使自己「衝」過頭，反而成了一種負面影響，此刻，上司還會接受你的意見嗎？因此，在給上司提意見的時候，千萬不要過於自作主張，忽視了上司周遭的人際環境以及時間安排。

「企望往高處爬的人，應該踩著謙虛的梯子。」這是莎士比亞的名言。這對那些希望自己的意見被上司接受和認可的人同樣適用。

4. 要有立場原則

對於主管的指責批評應當虛心接受，但是也不能不分青紅皂白，一古腦兒接受。一味盲從地全盤接受，實際上是懦弱無能的表現，必要時要進行辯護，不要忍氣吞聲。

不過這要講點技巧，別硬碰硬地去頂撞，應做到既不冒犯主管，又達到了個人目的。現在向你介紹幾個辯護技巧：

(1) 辯護時別忘了站在對方的立場上講話。主管指責部屬，當然是出於自己的觀念，如果部屬不能瞭解這一點，一味認為受了冤枉，站在自己的立場上拚命辯解，這樣只會使主管更加生氣。此時應把眼光放高一點，站在對方的立場上解釋這件事，會較容易被接受。

(2) 辯解時不管是何種情況，都不要加上「你居然這麼說……。」任何人都有保護自己的本能，做錯事或和旁人意見相左時，便會積極地說明經過、背景、原因等。但在主管看來，這種人頑固不化，只是找理由為自己辯護罷了。

(3) 道歉時不要再加上「但是……。」這種道歉的話，聽起來讓人覺得你好像仍在強詞奪理。道歉時只要說：「對不起！」即可，如果面對的是性格坦率的主管，或許就可以化解齟齬。當然該說明的時候仍要有勇氣據理力爭，好讓主管瞭解自己的立場。

5. 說服老闆為你加薪

向老闆提出加薪也要講究技巧，我在這方面就深有體會。我曾經在一家公司工作了快三年，對自己的工作熟悉到不能再熟悉，老闆卻一直沒有給我加薪的意思。年輕的我一時衝動，就以熟悉業務為談判條件向老闆提出調動職位，其實是想迫使老闆為我加薪。

現在想來，當時的舉動是非常錯誤的。結果是薪水沒有加上還弄了個不歡而散，此後，我與老闆的關係大不如前，最後不得不離開那家公司。其實老闆和員工的關係是平等的，只要你認為加薪是合理的，你就有權提出，但你必須注意說話方式，最好是巧妙地、有技巧地把自己的意圖傳達給老闆，就算萬一不被老闆接納，也不至於讓雙方陷入尷尬的局面，影響日後的相處。

有著規範薪資制度的公司，對員工的評價都會公正而客觀，他們會關注每一個員工的成長與進步、職位交流、專業培訓等情況，在這樣的公司，每一個勤懇工作、有能力的員工，都堅信晉升的空間在等著自己，他們會工作得更為積極和主動，因為他們根本不需要去刻意追求或為是否向老闆提出加薪而用盡心機。

正規的、具有發展潛力的企業老闆一般比較開明，只要你有真才實學，老闆自然樂意根據你的貢獻加薪；若能力不足甚至少有成績，莫說加薪，就是保住位置也有困難。要是不幸遇上那些摳門兒的老闆，要相信一句古話，即「留得青山在，不怕沒柴燒」，大可挺起腰桿走人，何必奢望他老大不願意才擠出的幾個子兒！

6. 先聽老闆在說什麼

有許多時候常常可以聽到職員私下議論，「某某經理的話可不能全信，要不然會吃大虧。」「誰叫你聽他嘴上說的，要仔細體會體會！」善於體會老闆話中的意思，是每個職員必備的能力。

(1)「客氣」的老闆：有一種老闆，客套話掛在嘴邊，一味地抬舉部屬，誇獎的口氣言過其實。如：「如果你不在我身邊，我簡直不知怎麼辦才好？」「我全靠你！」這一類的話，你需要加以深切的注意，認真體會話中的意味，做出合適的反應。例如你可以說：「謝謝您的信任，我會努力去做。」這種方法較為明智，又為自己的工作開拓了更為廣闊的發展空間。

(2)面對老闆的善意：有的老闆比較尊重職員，所以在拒絕職員、部屬的提案時，充分考慮職員的工作熱情和自尊，而不願直接點破，他們往往先給你肯定，然後指出你的意見同全局的不同之處，這種老闆表面看來似乎是先摸後打，實際上是很費苦心的。作為部屬，應該善於體會他的意思，理解老闆的用心。比如當你對老闆提出意見時，他說：「你的意見很不錯，不過有些地方和我們總公司的安排稍稍有些矛盾。」此刻你就要明白老闆話中的意思，不再去強調你的意見如何合理，主張如何正確，不要逼著老闆做明確的表態。這時候你應該說：「這不過是我個人的一點看法。如果和公司全局有矛盾，您就以全局為出發點。」這樣一來老闆必會感謝你的通情達理，兩人之間將達成一種默契，這是再好不過的了。

不要越級報告

很多作部屬的人年輕氣盛時都可能犯過這樣的錯誤：當和自己的頂頭上司鬧意見時，就直接向更高一層的上司去報告，好讓他為自己「主持公道」，誰知最後的後果卻往往不盡如人意。

一般情況下，向更高層上司打越級報告對自己是沒有好處的，因為越級報告表示上司與部屬間的關係完全破裂，不可能妥協，更高層的上司必然洞悉這一點，認為兩者不能共存於一個部門，在兩者選其一時，低階員工必成淘汰對象。

此外，上司必須維護管理階層，雖然基層員工說得有理，他也不會隨便懲罰有錯誤的主管。況且越級報告的人，事實上破壞了公司的作業流程，使上司頭痛，就算僥倖成功，上司也會認為該員工有不忠的性格。就算你的越級報告不是為了自己的個人私利，完全是為了企業的利益著想，成功的機會仍然很小。畢竟在目前的社會環境下，論資排輩的現象還不可能完全消除。

林漢岳從某國立大學中文系畢業後，就到某報社擔任副刊編輯。他理論基礎紮實、才思敏銳。不久之後，由他編輯發表的不少作品被多種文摘類報刊轉載，他還勤奮創作，先後在各大報刊發表了大量作品，引起同業人士的關注。而且在他的努力下，部門開展了不少群眾性的工作，均取得成功。由於林漢岳越來越受到同事及作者的尊重，影響漸大，部主任慢慢地感到了他對自己的威脅，開始排擠林漢岳，對他的合理性建議也不予採納。

林漢岳不僅多才敬業，在事業上更具有一定的開拓精神、創新點子。由於和部主任關係「不睦」，他的一些想法無法付諸實施，於是他乾脆越過部主任直接和總編輯去談，談他的計畫、想法，希望能得到總編輯的支持。

結果不難預料，林漢岳的計畫不但沒能得到支持，還引起了部主任強烈的反感。對於總編輯來講，在林漢岳和部主任之間，他不能不考慮中層幹部的威信、情緒等因素，不能不維護管理階層；再者，越級報告事實上破壞了正常的管理模式，使總編輯憂慮。

越級報告失敗，林漢岳的處境更難了。和部主任關係的惡化，使他的工作極端被動。無奈之下，他只好提出申請，要求調去其他部門工作。

所以作部屬的一定要切記：越級報告不可取，尤其是不可濫用，就算是在迫不得已的情況下採用，也一定要注意照顧自己頂頭上司的尊嚴和威信，畢竟你是屬於他直接「管轄」的。

要想讓上司認為自己很「識趣」、很有自知之明，你最好在下述幾種情況下保持沉默：

1. 上司考慮的事，不能隨便進言。

2. 上司開會講完話後的那句「誰還有什麼要說的」或「哪位有不同意見要談」，千萬不可當真。

3. 上司決定了的事徵求部屬意見時一定要明白，這是在走過場，你說了也白說。

4. 上司批評某位同事時。

5. 上司遲到時，不能說「我等你好久了」之類的話。

此外，下述幾點要求你也必須切記，萬萬不可造次：

1. 在公開場合，譬如步入會場時，不能走在上司前面。
2. 陪同客人吃飯時，不能坐在重要位子。
3. 在辦公室不能動作太隨意，這樣容易使人誤認為你目無主管。
4. 和上司外出上車時，要主動上前打開車門，等他坐好後你再上車。
5. 上司和別人談話時，不要站在跟前。
6. 上司講話出現差錯時，不要立即指出並予以糾正，否則會有失上司臉面，使他產生反感。
7. 藏起鋒芒，不要使上司感覺到不如你。大多數主管都喜歡在部屬面前表現自己多才多藝，所以，即使你在不少地方超過上司也必須收斂。

8. 不能在背後發洩自己的不滿，對主管說三道四。對上司有意見，當面不能提的，也不要在背後嘀咕。須知「紙包不住火」，不知道什麼時候你的話會傳進主管耳朵裡，這樣後果更加不妙。

總之，你要時刻牢記，上司在任何時候都是你的上司，他永遠不可能同你站在一條起跑線上，就算他對你再好，你也只是他的部屬，絲毫不可越雷池半步。

故意留點破綻

品藩和釗閔是大學同學，畢業後又同在一個部門工作。每當品藩向主管請示彙報工作時，總是滴水不漏、面面俱到，生怕讓主管看出問題、挑出毛病。而釗閔呢？時常丟三落四，想問題不周全，因此導致主管對他進行一番具體的評判指導。

可是部門的其他人總是非常願意幫助釗閔，甚至主管也不時地對釗閔的工作予以指點，至於對待品藩總是不冷不熱。一來二去，釗閔在辦公室的地位不知不覺有了提升，大有成為未來主管的趨勢。而品藩呢，儘管工作依舊十分努力，卻總是無法得到主管的青睞，品藩對此頗為不解，因此陷入了深深的苦惱之中。

品藩想把每一件工作做得盡善盡美，不讓主管挑出一點毛病，主觀上的動機是好的，客觀上卻沒有給主管留下發揮的餘地。此舉給主管的暗示可能是：拒絕承認主管比自己高明。要知道，主管總會有辦法證明自己比部屬高明，雖然未必會給品藩「穿小鞋」，但不可否認的是，主管的心中是不會接納品藩的。

而釗閔則深知其中奧祕，在主管面前總是有意識地顯得有些「不成熟」，引得主管對其工作評頭論足，增加與主管接觸的機會。主管也由此充分展示了自己的才幹，顯示出其高明之處，從中找到了優越的感覺，自然也就願意對釗閔的工作加以關照。

上述的這種主管是典型的「武大郎開店——沒高人」。所以你要時時請教他並和他經常溝通，誠懇地請求他的指點，給主管展示才能的機會。當然，也要讚揚主管有你沒有的長處，這樣才可以消除他的嫉妒，滿足他的權力欲和自以為是的虛榮心。

除了把姿態放低，使上司在自尊方面獲得滿足之外，我們還必須注意以下三點：

1. 不要穿得太名貴

切勿穿得比自己的上司更好。身為部屬，穿著比上司更體面，多少都會讓上司反感。有時候，連上司本人也不一定清楚為什麼會對某一個部屬沒有好感，原來衣著是其中非常關鍵的因素。

2. 在辦公室閒聊時，不要拿主管開玩笑

一些上司採取平易近人的「親民政策」，在辦公時間偶爾也會與部屬談論說笑。但要記住，他可以這樣做，並不表示做部屬的也可以這樣做。

3. 開會時不要在上司面前滔滔不絕地發表意見

你自以為很了得，殊不知，實際上是在自招禍患。所謂言多必失，在上司面前更要警戒。作為部屬，最忌諱的是上司說一句，你跟著說了十句。特別是有人當眾說你比上司更有才華時，上司會因此感到自尊心受到傷害，嫉妒不已。

「小火鍋」的風波

商場的人事關係錯綜複雜，絕非盡講經濟效益那麼簡單。在部屬建功和因此使老闆失去威儀之間，老闆往往因為記恨而抹煞建功者的功勞並加以報復。這是商場中許多有能之士卻不得志的根本原因，他們精於謀商，卻敗在拙於謀身，以下的故事，對此有更深的提示。

不到三十歲的德明，居然當上了羅茜莎西餐廳的總經理。

當然，如果不是其岳父操控了羅茜莎西餐廳的控股權，寒門出生的德明即使能力再強、人再帥，也沒這麼快坐上總經理的位置。不過德明也非等閒之輩，他是知名大學食品科系畢業，又在國外待過兩年，回國後又從底層幹起，從領班到店長，對餐廳的經營早有「經國之大志」。所以才上任，德明就帶領各分店店長到日韓作考察，而且立刻有了成果。

「看看首爾那家小火鍋連鎖店，多發！多賺！」在回程飛機上德明特別從頭等艙走到經濟艙，對二十多位店長宣布，「我現在已經決定，回去就發展這種小火鍋，我連韓國製造火鍋的廠商都搞清楚了，保證成功！」

機艙裡立刻爆出一片掌聲，除了一個人——高建明，沒等掌聲落下，他就拉著嗓子喊，「總經理，我們經營的可是西餐廳，桌椅都是進口的材料，又是高級地毯，你這火鍋往上一放，水開了，蒸氣再往上跑，涮的時候，又難免濺出來，這損失不就大了嗎？」

下面開始交頭接耳，聽見一些低低的附和，「對呀！可不是嗎！」

高建明見狀，對大家笑笑，「而且，西餐廳裡講究的是氣氛，東一鍋、西一鍋，既冒火、又冒煙，不是不倫不類嗎？」

「什麼不倫不類？」德明火了，「你吃過瑞士火鍋沒有？不但冒水氣，還冒油煙呢。一句話，我這麼決定了，下個月就進貨，立刻印海報、登廣告，百分之百成功！」

後來，各報都刊出了大幅的小火鍋廣告。

羅茜莎西餐廳的每家連鎖店前，除了貼滿大海報還插滿了旗子，推出期間特價優惠。這特價優惠原定兩個星期，沒想到卻欲罷不能，居然持續了半年。

原來這「欲罷不能」是不得已的！

推出第一天，明明是元月，偏偏熱得跟夏天一樣，客人進來都喊熱，還有好多人抬頭一看是小火鍋，轉身就出去了；接著，又是梅雨，加上小火鍋一蒸一烤，牆上的壁紙居然自己開口，從頂上脫落，害得各分店急著用膠條把壁紙黏回去。

黏回去？多難看！可是跟桌、椅、地毯比起來還算好看呢！正中了高建明說的，豪華的傢俱全完了，才半年，這高級西餐廳不但變得不倫不類，老顧客不再上門，連有限的幾位捧小火鍋場的顧客都不來了，說這餐廳太老舊、不求進步。其中唯一的例外，是高建明負責的那家店。

高建明表面上好像服從總公司的命令，進了一批小火鍋，可是他不宣傳更不推薦，只當小火鍋不存在，甚至碰上看廣告要來嚐新的顧客，他都搖搖手笑笑，小聲說：「講句實話，我自己都不敢恭維這種東西，我勸您還是點西餐吧！我們是西餐廳嘛！對不對？」

高建明那家店的生意一天比一天好，每月一次的店長會議，高建明在下面雖不說話，他的笑，卻一次比一次……，讓德明不舒服。

「當然啦！有些不喜歡看到火鍋的客人，會一起跑去火鍋少的分店，這不是那家店好，是走歪運。」德明安慰大家，「繼續堅持，什麼新東西要造成風氣，都得花點時間。」

只是，話才說完，有一家店就出了亂子。火鍋下面的小瓦斯爐先是點不著，點一次兩次，居然「轟」的一聲，讓蹲在那兒點火的店員立刻進了醫院。跟著另一家店也發生意外，是壁紙沒黏牢，掉下來碰到下面小火鍋的火，著了起來，雖沒釀成大禍，消防車一澆，卻全「泡了湯」。

偏偏這時候高建明的餐廳被市政府選為衛生安全評獎的第一名，高建明自己發了新聞，還開了慶功宴。

德明頭疼了，思前想後，失眠了好幾天。人不用說話，數字會說話，從他上任半年來，公司的業績跌了三分之二。

「我錯了！」德明主動去見老岳父，「我做了錯誤的決策，我想明天就宣布，各分店全部放棄小火鍋。」

劉老頭鐵青著臉，正盯著財務報表看，聽到德明這麼說，那鐵青突然變成通紅，狠狠拍一下桌子，突然地站了起來，「你沒錯！你現在宣布改回去，就真錯了！」

後來高層把原本寫好的公文壓下了，換上另一張——

○○分店不配合總公司決策，有違團隊精神，也有損公司整體形象。經董事會決議，店長高某應予免職，即日生效。

高建明走人了，他那家店的副店長很識時務，立刻搬出小火鍋。只是才端出，就接到總經理辦公室祕書的電話，「你們分店維持原來的經營方式，不必推出小火鍋。」

又過幾天，新的命令又發布——

經測試，推出小火鍋的時機尚未成熟，下週起，各店均撤銷小火鍋，並進行全面整修。

看完這故事，你會不會想：劉老頭未免太毒又太笨了。德明不是料，正需要高建明這樣的人才來輔佐；而且高建明為公司賺了錢，明明該賞的時候，為什麼反而「恩將仇報」，把高建明開除了呢？如果認為高建明做得不對，為什麼在高建明滾蛋之後，立刻把原來的計畫廢除，全照高建明的方法去做呢？

不知你有沒有看過史帝芬史匹伯導的《辛德勒名單》，如果你看過，你可記得當集中營裡蓋房子，德國軍官用的方法不對，一位猶太女工程師說那樣一定會垮的時候，德國軍官怎麼做？他先一槍打死那猶太專家，再告訴下面的人，照她講的方法去改。這電影情節是根據史實改編的，請問他為什麼先把專家殺掉，又立刻照專家的方法做呢？

這跟劉老頭的做法是一樣的嗎？對的！從這個角度想，你可以說高建明算走運，幸虧他是在餐廳做事，要是換作以前的「軍中」或「宮廷」，只怕他已經人頭落地了。

進一步想，高建明如果當時不曾當著各分店店長的面，指總經理的決策不對，而自己偷偷不照計畫施行，也不對外發新聞，他會滾蛋嗎？

其實劉老頭沒錯！從人性和領導統御的角度看，如果德明在開除高建明之前先宣布自己的計畫失敗，豈不是惹得大家偷笑，他以後還怎麼領導？他還有什麼「威儀」？又怎麼服人？

所以與那德國軍官一樣，劉老頭教德明先殺再說。先教人頭落地，使下面的人收起心裡的「笑」再說。

自古以來，越是有能力的主管越心寬、越能容得下人。像是貞觀之治的李世民，他當然有心胸「察納雅言」，就算魏徵當著大家的面指出他的不是，他也不會把魏徵殺了，甚至讚美魏徵可以使他「知得失」。這是因為李世民功業彪炳，智高謀深令人敬服，更因為他是獨一無二掌握生殺大權的皇帝。沒有功績和威望的德明怎能相比？

你想想，如果德明上台之後，多半的構想都成功，為公司賺了大錢，只有這一個小火鍋的案子失敗，他會把高建明開除嗎？恐怕他還會當著大家的面說：「只怪我沒聽高店長的話，以後大家有想法可以盡量提出。」因為他的「功」足以掩他的過，所以他有本錢認錯，認了錯，反而能讓大家覺得他「寬厚、開明」。

看了這許多，你就要知道，在一個團體裡，你不是不能發表跟主管相反的意見，只是發表前你先要想想，那長官有沒有接受指責的雅量和本錢。然後你才可以決定「說」還是「不說」，或者「怎麼說」。

孔子講得好──「邦有道，危言危行；邦無道，危行言孫。」什麼叫「言孫（遜）」？言遜就是你用低姿態去說話。

現在，讓我們回到原來的故事。

如果你是高建明，你要怎麼辦？你可以如高建明那樣直言相告，你也可以「將在外，君命有所不受」自己偷偷做自己的，但不出外張揚。你更可以在總經理已經決定之後，放棄自己原來的想法，全力推動小火鍋。

對的！全力推動那個你知道「成不了」的小火鍋。你要假設，如果那是軍令或投票的結果，你能不服從嗎？你又能因為投票的都是「無知的民眾」而不遵行嗎？什麼叫民主？「民主」是你可以在投票之前爭得面紅耳赤，結果出來之後，即使不如你的想法，你也要遵守少數服從多數的制度。什麼是員工？「員工」是你可以透過管道建言，但是上面決策下來，你明知不對也要全力以赴。再不然，就作另謀高就的部署。

在民主社會裡，最有害的是那些投票結果合你意，就高喊「民主萬歲」；不合意，則翻票箱喊冤的人，還有那些能反對的時候不反對，後來卻放馬後炮、消極罷工的人，即使他放得對，在團體裡也是禍害。瞭解了這一點，你就會知道，高建明要保住自己的飯碗不難，只要在主管或上級決定之後，立刻放棄己見全力幫主管就成了。

這就是人性！不要感嘆人性可悲，因為你也是人，這也是你的人性。換你作劉老頭，你也一樣得叫高建明捲鋪蓋呀！

上司面前認錯的藝術

在與上司相處的過程中，你難免會說錯話、辦錯事，輕則造成上司不悅，重則造成工作上的損失。所以，一個好部屬應是隨時自省、勇於認錯的人。

你越是能推功攬過、知錯認錯，上司就越發器重你，上司部屬之間的感情就越融洽。因此，作為部屬，在自己說錯話、辦錯事後，一定要保持冷靜、正確處理，切不可做出後悔莫及的事情來。

1. 要勇於認「過」

能否做到敢於承認自己的過錯，這也是衡量你成熟與否的重要標誌。勇於認「過」，首先要有自知之明，不要自以為是，以為自己從來不會做錯事說錯話，那是十分幼稚的。

其次是要嚴於解剖自己，不自己原諒自己，哪怕只有百分之一的過錯，也要當作百分之九十九的過錯來對待。當然敢於認「過」不等於處處違心地接受批評，一時可以「代人受過」，事後還是要向上司說明事情的原委，以便上司明白真相。

2. 要主動攬「過」

主動攬「過」，是對事業高度負責和待人以誠的具體表現。如何對待成績，可以看出一個人的本色；如何對待過失，往往更能考驗和認識一個人。所以，主動攬「過」應該成為好部屬必須具備的品德。

若是碰到上司決策不當，使你在工作出現失誤或遭受挫折時，你應該恰當地表達你的攬「過」之情，以寬上司之心，分擔由此而造成的壓力。這樣做，既表示了你對上司的關心，也會贏得上司的信任。

3. 要積極改「過」

勇於承認自己的過錯，這只是改「過」的前提，上司看重的往往是你如何改「過」。在如何改「過」上有幾種態度：一種是當面表示接受「批評」，口若懸河地表示改「過」的決心，但事後不思悔改、我行我素。另一種態度是當面認錯，事後積極地改「過」，而且當面認識到的過錯認真改了，當面沒有認識在事後認識到的過錯也一併改了，這種態度是上司最歡迎的。

另外，在勇於認錯的同時，也要防止出現以下兩種情況：

1. 不要給上司留下弱者的形象

勇於認錯固然可貴，但唯唯諾諾、伏首貼耳，像「小綿羊」一樣，無論上司說什麼都點頭稱是，那也容易給上司留下懦弱的印象。我們既要勇於認錯，又要善於認錯。不要完全把自己置於「受氣包」的地位，任憑上司批評而不吭一聲。要認得在理、認得恰當，使上司感到你是顧全大局，很有修養的人。

2. 要防止陷入被動

今天認個錯，明天又認個錯，日久天長，容易給上司留下「只會認錯，不會辦事」的感覺。因此，認錯的事最好不要經常發生，要努力創造工作成績讓上司滿意，讓上司經常表揚你，覺得你是一個舉足輕重的人，讓他感到你不在身邊就不方便。這樣，你就會處於主動地位，你的工作也較容易得心應手。

第七章
同事的相處之道

同事是你朝夕相處的夥伴，
如果遇到尷尬或者困境，
你不給他台階下，
很有可能在以後，他就會給你添麻煩，
甚至對你以眼還眼。

給「門外漢」一個台階

君哲和鈞翰都是一家服裝貿易公司的職員，君哲是公司的一名服裝設計師，鈞翰是公司的業務員，他們兩人同事多年了，關係卻一直不怎麼樣。究竟是什麼原因令他們的同事關係不好相處呢？

事情是這樣的：每一次開工作討論會或私下聊天時，鈞翰都要對君哲設計的服裝進行一番品頭論足，他有時說君哲設計的服裝樣式太奇怪；有時說君哲選用的布料顏色太鮮豔；有時還會說服裝給人的整體印象不好等等。其實鈞翰對服裝設計專業根本就是一無所知，他只是以自己的觀點評價別人，根本就無法得出正確的結論，結果卻把同事給得罪了，因此君哲也一直不願意和他多接觸，這樣一來二去，兩個人的關係就越來越微妙了。

在工作中，最糟糕的事情莫過於自己不懂卻要充內行人去指指點點。不同專業的人各自的優勢不同，用外行的話去挑剔自己不瞭解的專業，很容易引起矛盾、衝突，更談不上和睦相處了。

美國的約翰．羅賓遜先生也曾遇過這樣的事，不過他以自己的方式解決了與對方的矛盾。

約翰．羅賓遜先生是出售油業特殊設備的，有一次他為長島的一位重要顧客訂了一批貨物，圖樣已經呈請批定，機件正在製造中。然而一件不幸的事情來了，這位買主與他的朋友們討論這事，朋友們警告買主犯了個大錯，他上了當，所有的都錯了，太寬、太短、太這樣、太那樣……，買主的朋友們使他急得發起脾氣來，他打電話給約翰，賭氣地說不接受已經在製造中的機件。

「我細心檢查過，知道我們確實無誤。」約翰．羅賓遜先生講述這故事時說：「我也知道他及他的朋友完全不懂，但我覺得這樣告訴他是危險的事。我到長島去看他，當我走進他的辦公室時，他跳起身子向我走來，急迫地說話，說話的時候揮舞著拳頭。他責備我及我的機件，最後告訴我：現在，你怎樣辦？」

羅賓遜先生接著說：「我極鎮靜地告訴他，我什麼都可照辦。『你是出錢的人，所以應得到你所要的，但總要有人負責。如果你以為你是對的，請給我們一張圖樣，雖然我們已經費了兩千美元為你做機件，但我們可以取消。我們情願損失這些錢使你喜悅，不過我要警告你，如果我們按你所堅持的製造，你必須負責。如果你讓我們按我們所計畫的進行，那我們可以負責。』到這時候，他的氣已經平靜了下來，最後他說：『好了，照常進行吧，但如果不對，只求上帝幫助你。』機件終究是對的，他這時已經答應訂兩批同樣的貨物了。」

從上例約翰．羅賓遜先生的事件中，你是否學到了什麼呢？在工作時，如果有非專業的同事加入你的工作，並且對你的工作品頭論足，你不要因此而與之對立，應當透過其他途徑改善你們之間的關係；另外，你也不應該對其他專業的同事所負責的工作妄加評論，這樣容易導致你與其他同事的關係破裂。

給對方下台階的原則

聰明的人在與其他同事交往的過程中，說話辦事有理有據、有禮有節，從不把話說死說絕，說得自己毫無退路可走。

人人都有自尊心和虛榮感，甚至連乞丐都不食嗟來食，那正是因為太傷自尊、太沒面子，何況是平常地位相當、平起平坐的同事？縱使難相處的同事犯錯，而你是對的，如果沒有為他保留面子就會毀了一個人。

《聖經．馬太福音》裡有句話：「你希望別人怎樣對待你，你就應該怎樣對待別人。」這句話被大多數西方人視為待人接物的「黃金準則」。真正有遠見的人不僅要在與同事的日常交往中，為自己積累最大限度的「人緣」，同時也會給對方留有相當大的迴轉餘地。給別人留面子，其實也就是給自己掙面子。

言談交往中少用一些「絕對肯定」或感情色彩太強烈的語言，適當地多用一些

「可能」、「也許」、「我試試看」和某些感情色彩不強烈、褒貶意義不太明確的中性詞，以便自己能「伸縮自如」。

與同事相交，應本乎誠，當他遇到任何工作中的困難時，要盡力而為伸出援助之手，而不是冷眼旁觀、落井下石或乘人之危；當同事無意中冒犯了你，又忘記或根本沒意識到說聲「對不起」時，也應該有一個寬宏、豁達的態度，真心真意地原諒他，日後一旦有求於你，還要毫不猶豫地幫助他。這都是給同事面子的表現。也許你會問：「明明我有理，為什麼還要給他們那麼大的面子呢？」原因很簡單，因為他是你的同事，你不能夠得理就不饒人，畢竟你每天有三分之一或更多的時間與同事相處在一起，你能否從工作中獲得快樂與滿足，是否能被人稱為敬業樂業，同事們都扮演著一個很重要的角色。

試想，如果一大早你滿懷熱情地衝進辦公室，準備大拚一場時，竟發現人人對你視若無睹，誰都不願主動與你說話，更不會有人與你傾吐工作中的苦與樂，你還會有心情好好工作嗎？

當然沒有！因為你只想知道：這是為什麼？

那麼，你可以仔細想一想自己是否有以下表現：

1. 當大家難得聚在一起聊天的時候，你是否仍然自命清高地去做自己的工作，從來不走過去參與其中，開上一些無傷大雅的玩笑或談些家務瑣事？
2. 你是否很不負責地隨便把同事告訴你的話轉告了上司？
3. 當同事在你面前有意無意地表現出自己有多能幹、多受上司青睞，你是否從不稱讚、祝賀他們，還總是顯出一副不以為然並頗帶嫉妒的樣子。所有的這一切都是因為你不給別人面子，所以別人才以冷漠回應你。同事相處主要的就是相互合作，想要合作愉快，就要和善、真誠，如果始終心存芥蒂又寸步不讓，最終就只會弄得成事不足、敗事有餘。你知道這樣做的後果是多麼的可怕。

生活中，多個朋友就多條路，多個敵人就多堵牆，這個道理是放諸四海皆準的。不能團結人，不僅會使自己在生活中邁不開步，即使是正常的工作，也會遇到種種不應有的麻煩。

要給同事留面子，你首先要養成絕不去指責他們的習慣。指責是對「面子」的一種傷害，它只能促使對方站起來維護他的榮譽，為自己辯解，即使當時不能，他也會在日後尋機報復。

對於他人明顯的錯誤，你最好不要直接糾正，否則會好像是故意顯示自己很高明，因而傷了別人的面子。在工作中一定要記住，凡非原則之爭，要多給對方以取勝的機會，這樣不僅可以避免樹敵，也可使對方的某種「報復」得到滿足。對於原則性的錯誤，你也得盡量含蓄的示意。

給別人面子，就能贏得友誼、理解和發展，化干戈為玉帛。「沒有人喜歡挨耳光，也沒有人會拒好意於千里之外。」這句話真是再英明不過了。假如由於你的過失傷害了別人，你得及時向人家道歉，這樣的舉動可以化敵為友，徹底消除對方的敵意，說不定你們還會相處得更好。

九種危險人物

有些危險人物要格外注意，如果不給他們台階下，就會吃這些人的虧。

1. 口蜜腹劍的人

應付這種人，最簡單的方式是裝作不認識他，每天上班見面，如果他要親近你，你就找理由馬上閃開。能不做同一件工作，盡量避開不要和他一起做，萬一避不開，就要把這一天的工作記下來，留下工作紀錄，以備日後做依據。

2. 吹牛拍馬屁的人

當你碰到這樣的同事時，不可與他為敵，沒有必要得罪他，平時見面還是笑臉相迎、和和氣氣。如果你有意孤立他或是招惹他，他就可能把你當作向上爬的墊腳石。

3. 尖酸刻薄的人

這種人在公司裡一般是不受人歡迎的，他的特徵是和別人爭執時往往挖人隱私不留餘地，同時冷嘲熱諷無所不至，讓對方自尊心受損、顏面盡失。這種人平常以取笑同事為樂，如你被上司批評了，他會說這是老天有眼；你和同事吵架了，他會說兩個都不是好東西等等。同這種人要保持距離，不要惹他。萬一吃虧，聽到一兩句刺激的話或閒言碎語，就裝沒聽見，千萬不能動怒，否則只會自討沒趣。

4. 挑撥離間的人

同樣是一張嘴，有人用來吹牛拍馬屁；有人用來諷刺損人；有人用來挑撥是非、離間同仁。這種人給公司帶來的殺傷力非常大而且很迅速，如果碰上同事中有此類型的人，除謹言慎行及和他保持距離外，最重要的是你得聯絡其他同事，建立聯防及同盟關係，將他孤立起來，如果他向任何人挑撥或離間，都不要為之所動。

5. 雄才大略的人

這種類型的人胸懷大志、眼界開闊，從不計較一些小得失。他們在工作時，時刻不忘充實自己。他們廣結良緣，除了完成自己的工作外，還會幫助別人和指導同事。雄才大略的人，見識往往異於常人，思考邏輯方式也有其個人特色。這種人在時機不成熟時可以忍耐；一旦時機成熟，就會奮臂而起。如果遇到雄才大略的同事，只要利害一致，大可共創一番轟轟烈烈的事業，如果一山不能容二虎的話，可各取所需、各享盛名、各得其利。如以上都行不通的話，你就全心全意地幫助他成功，最少自己還可留下識才的美名。

6. 翻臉無情的人

這種人最大的特徵就是翻臉如翻書。在他翻臉時，你不要問他理由，也不必述說從前對他的恩情和助益，這時他一個字都聽不進去。這種人似乎得了一種「忘恩記仇病」，只要一點小事不順他的心就全盤翻覆。翻臉無情的人利用這種方式來處理他的人際關係，他知道每次利用完別人，又找到新的利用對象時，此時就可翻臉。如遇到這種人，不必同他一般見識，盡量避免和他發生利害關係，各做各的工作，隨便他怎麼翻臉也與你無關。

7. 憤世嫉俗的人

這種人對社會上的一些現象非常看不慣，認為社會變了，人心險惡。同這種人共事，說不上什麼好與壞，只要他氣憤的事不是公司的福利，對你來說這只是他的個人行為，如果他對公司的福利制度有意見時，你就沾光了，他往往會犧牲自己，為大家謀來一些好處。

8. 敬業樂群的人

這種人工作態度和做事方法很好，頗受同事的肯定和愛戴。凡他所在的公司，都會有不錯的業績，他會感染其他人，讓同事關係朝著正面的方向發展，給大家帶來一個合作、和諧的工作環境。同這種類型的人一起工作時，要學著和他一樣敬業樂群，因為只要你的表現不是那樣，一定會被他比下去。

9. 躊躇滿志的人

這種人不曾嚐過失敗的苦頭，因此他們不怕失敗，對任何事情都有自己的見解。他們一般不能接受別人的意見，如果你聰明一點，就不用和他爭辯。要知道一個長久不曾失敗的人，是因為他的智慧，而不是他的運氣。同這種類型的同事打交道，不能太順著他，只有讓他嚐到一些失敗的苦果，才能真正地改變和幫助他。

指責也要有藝術

犯了錯誤或犯過錯誤的同事其心理都比較複雜，大多數人都很敏感、很脆弱，如果你粗魯地指出他的錯誤，會讓他感到丟了面子，這樣他不但不會心悅誠服地認識和反省自己的錯誤，反而還會產生抵觸情緒。這樣一來，你不但沒有達到預期的目的，還會傷了對方的自尊心，破壞你與同事間的友好關係。由此可見，恰當地指出同事的錯誤是需要掌握一定技巧的，這裡我們主要向大家介紹三點，希望大家能夠舉一反三，從中吸取更多的經驗、掌握更多的方法。

1. 指出同事的錯誤時，要溫和、間接

人們在工作中難免有失誤，也難免會出差錯。當你必須指出同事的錯誤時，請記住，一定要用間接的方式和溫和的態度去指出別人的錯誤，使良藥不至於苦口，同時也要避免犯錯誤的同事對你產生反感。

查理斯·史考伯有一次經過他的鋼板廠，當時是中午休息時間，他看到幾個工人正在抽菸，而在他們的上頭，正好有一塊大招牌，上面清清楚楚地寫著「嚴禁吸菸」。史考伯該怎麼辦？是指著那塊牌子對他們說：「難道你們都是文盲嗎？」不，史考伯沒有這麼做，要是那樣，他就不會成為一個鋼鐵企業的優秀管理人了。相反地，他朝那些人走過去，友好地遞給他們幾根雪茄，說：「各位，如果你們能到外面去抽掉這些雪茄，那我真是感激不盡了。」吸菸的人這時會怎麼想呢？他們立刻知道自己違犯了一些規則，於是便一個個把菸頭熄滅，同時對史考伯產生了好感，因為他沒有斥責他們，而是使用了充滿人情味的方法，使別人樂於接受他的觀點。這樣的人，誰不樂於和他共事呢？

2. 指出同事的錯誤前先檢討自己的不足

每個人都有犯錯的時候，我們自己也不可能一點錯誤都沒犯過，所以當發現同事犯錯時，你不能不問青紅皂白、劈頭亂罵地進行指責，而應該在指出別人的錯誤之前，先檢討一下自身的不足，並坦率地指出自己也並非完美，那樣，別人也就比較容易接受你的批評了。

比如：你在公司裡的資歷較老，一位比較年輕而且是新來的同事小馬，在工作時犯了一個嚴重的錯誤，這時你該怎樣指出他的錯誤，而又不至於令他難堪呢？在這種情況下，你可以採取先檢討自己不足的方法。比如，你可以這樣試試：「小馬，你犯了一個錯誤，不過我以前也常常犯這類錯誤。人們對事物的判斷力不是生來就有的，那是多年經驗累積的結果，我在你這樣年紀時，還比不上你呢。我實在沒資格批評你，不過依我的經驗，假如你不這麼做的話，結果會更好些。」

如果你試著這樣去指出同事的錯誤，結果一定不同凡響。當然你也可以用提建議的方法，使他人認識並改正自己的錯誤。但要注意，在指出同事的錯誤時，一定要堅持對事不對人的原則，不作人身攻擊，只就他所做的錯事進行善意的提醒，同時最好還能提出正確的方法。

3. 批評同事的錯誤要講究技巧

這裡我們說的「批評」，是指對同事的缺點或錯誤提出意見。批評同事的錯誤時，一定要講究適當的技巧，絕不能以粗暴、諷刺或挖苦的態度批評同事的錯誤。

(1) 批評前以讚美之詞作為前奏：犯了錯誤的同事常常會感到很難為情，但是如果不對他們的錯誤提出意見，他們就不會從中吸取教訓，這似乎是一個兩難的問題。其實，如果你能掌握一定的技巧，那就沒什麼可難的了。在批評對方以前，先以讚美之詞作為前奏，這一技巧在處理你與犯錯誤的同事的關係時非常有效。

美國有一位總統就曾運用過這一技巧，其結果令人十分滿意。

有一次，美國總統柯立芝要批評女祕書時，先對她說：「妳今天穿的這件衣服真漂亮，妳真是一位迷人的年輕小姐。」這可能是沉默寡言的柯立芝一生中對祕書的最大讚賞。這話來得太突然了，因此女祕書滿臉通紅、不知所措。接著柯立芝又說：「妳很高興，是嗎？我說的是真話。不過另一方面，我希望妳以後對標點符號稍加注意一些，讓妳打的文件跟妳的衣服一樣漂亮。」他的話可能過分顯露，但是他使用的方法卻很高明。

公司裡的會計崔小姐也曾用這種方法，成功地批評了她的同事林先生，事情是這樣的：

有一次，崔小姐正在製作公司這個月的銷售金額表，當她就要做完時，經理找她查閱一份資料，於是她離開辦公室去資料室尋找。結果等她給經理送去資料，回來接著製作那個銷售金額表時，發現電腦中已沒有了她尚未完成的表格。原來在她出去時，同事林先生亂動電腦，致使電腦當機，但她的表格並沒有存檔。

當時崔小姐很生氣，但她又想，生氣也沒用，表格已經沒了，現在重要的是應該讓林先生從這件事吸取教訓。當她看到林先生時，她說：「林先生，聽說你經常抽空學習電腦，看得出你是一個很愛學習的人，工作這麼忙，你還如此認真學習真是不簡單。在電腦方面，也許我能幫你一些。不過，以後當我的電腦工作時你最好別動它，因為把資料弄丟了會給我帶來很多麻煩。」

這個例子中的崔小姐以她巧妙的言辭，成功地達到了自己的目的，我們在批評同事的錯誤時，同樣也可以採用這種方法。

(2) 批評同事的錯誤時不要翻舊帳：有些人常常不注意這一點，在批評某人時，總是喜歡翻陳年舊帳，把對方過去的某些事情一古腦兒地全翻出來，以為這樣更可以證明自己的批評是有道理的，實際上這種做法是非常不明智的。

翻舊帳的行為之所以不妥，首先在於這樣容易使對方產生強烈的不滿及嚴重的反感情緒。他會認為你對他耿耿於懷，過去了的事情也一直不能忘記。而且，儘管眼下的錯誤與過去的錯誤在形式上有相同之處，但是它們之間在內容上、在一系列細節上、在原因和程度上都是有差異的。如果把這種有差異的不同錯誤聯繫在一起，容易引起對方的不滿，認為你的批評是不實事求是的。

當然，有時為了使對方認識到錯誤的嚴重性和內在性，可以略微提一下，或暗示其過去存在的某些不足。可是如果想藉翻舊帳來證明自己批評得對，那就與整個批評的目標南轅北轍了。

所以在批評他人時，最好是把批評的範圍侷限在具體事件或行為上，千萬不要輕易去翻那些陳年舊帳，這樣才能真正起到批評的作用。

總之，犯過錯誤的同事有時也是很難相處的，與這樣的同事相處既要理解他們各自的心理，又要掌握指出他們錯誤和批評他們錯誤的技巧。只有掌握了他們的心理及應對技巧以後，你才能與他們在工作中和睦相處、共同進步。

勇於承擔錯誤

當你的小孩主動承認自己錯了時，你肯定會暗自為孩子的坦誠和勇氣感動。同樣的道理，當你在同事間能主動承擔責任、承認錯誤時，你會發現，此時失去的是虛榮，得到的是同情和讚許。

人都喜歡被別人讚美，哪怕明知是虛偽的讚美，這是人的天性。忠言逆耳，當有人、尤其是和自己平起平坐的同事，對自己狠狠批評一頓時，不管那些批評如何正確，許多人都會感到很不舒服，有些人甚至拂袖而去，連表面的禮貌也不願做，結果令提意見的同事尷尬萬分。下一次如果你犯更大的錯誤，相信再也沒有人敢勸告你了，仔細想想，這難道不是一個巨大的損失嗎？

人不是完美的，沒有人會不犯錯誤，有的人甚至還一錯再錯，既然錯誤是無法避免的，那麼可怕的不是錯誤本身，而是怕將錯就錯、知錯不改。

其實，如果能正確面對自己的弱點和錯誤，拿出足夠的勇氣去承認它、改正它，就能彌補錯誤所帶來的不良後果，在今後的工作中只要更加謹慎，就能加深主管和同事對你的信任，從而愉快地原諒你的錯誤。

某公司財務科的秀明因為一時粗心，錯誤地給一位請過幾天病假的員工發了整月的薪水。在他發現之後，匆匆找到那位員工，向他說明求他悄悄退回多發的薪金，但遭到斷然拒絕，這位員工只允許分期扣回他多領的薪水。

雙方爭執不下，氣憤之餘，秀明平靜地對那位員工說：「好吧，既然這樣，我只能告訴老闆了，我知道這樣做一定會使老闆大為不滿，但這一切都是我的錯，我只有在老闆面前坦白承認。」就在那位員工還沒反應過來的時候，秀明已大步走進了老闆的辦公室，把前因後果都告訴了他，並請他原諒和處罰。

老闆聽後十分惱火地表示，這應該是人事部門的原因，但秀明重複地說這是他自己的錯誤，老闆於是又大聲地指責會計部門，秀明又解釋說不怪他們，實在是他自己的錯，接著老闆又責怪起與秀明同辦公室的兩個同事起來，可秀明還是固執地一再說是自己的錯，並請求處罰。

最後老闆看著他說：「好吧，這是你的錯，可那位錯領全薪的員工也太差勁了。」這個錯誤並沒給任何人帶來麻煩，很輕易地糾正了以後，老闆更加看重秀明了，因為他有勇氣知錯認錯，並且不尋找藉口推脫責任。

其實一個人有勇氣承認自己的錯誤，不僅可以消除罪惡感，還有助於解決錯誤造成的後果，即使傻瓜也會為自己的錯誤辯護，但能承認自己錯誤的人更會獲得他人的尊重。

當我們犯了錯時，如果我們對自己誠實，就要迅速而誠心地承認，這樣不但能產生驚人的效果，而且比為自己爭辯還好得多。

如果你總是害怕向別人承認錯誤，那麼你不妨試試下面的辦法：

1. 如果你在工作上出錯，應該立即向主管彙報，這樣雖然有可能被大罵一頓，可是在上司的心目中你將是一個誠實的人，將來會更加信任你，你所得到的將比你失去的多。

2. 如果你的錯必須向別人承認，與其找藉口逃避，不如勇於認錯，在別人還沒有來得及把你的錯到處宣揚之前，儘早對自己的行為負起責任。

3. 如果你的錯誤影響到其他同事的工作成績，無論同事們是否發現，都要趕在同事知道之前主動向他道歉、承認錯誤，不要自我辯護、推卸責任，否則只會令對方更加惱火。

人人都會犯錯誤，尤其是當你工作過重、精神不佳、壓力太重時，不小心犯錯是非常普通的事情。如果我們能在犯錯之後正確地面對，便不算什麼大事情，甚至還會對你日後的升遷起到很大的幫助。

學會同事間的應酬

有同事表示要請客祝賀你，你是怎樣反應呢？

當然要答應，否則就是不賞臉，不接受人家的好意。不過，答應之餘必須考慮：對方一向與你麻吉得很，純粹是出於一片真心，還是彼此只屬泛泛之交，此舉只是「拍馬屁」？前者，你自然可以開懷暢飲，至於後者，吃完之後最好反過來做東買單，既沒接受他的殷勤，又沒有開罪對方，甚至把關係又拉近了一步。有位同事生日，有人提議給他慶祝一番，你樂意加入行列，但替別人高興之餘，卻又有點酸溜溜的想：為什麼同事從來沒有為你慶祝生日，他們真偏心！其實，這不說明你在他們心中沒有地位，人際關係欠佳所致？要想改變這種情況，奉勸你要積極一點，先邁出你的第一步吧！而這一步不妨多找藉口，才不致顯得太突然。當你成功完成一件任務或者獲得升職加薪，又或適逢生日時，不妨自掏腰包，向公司的祕書小姐說：「今天是我生日，我請大家吃晚飯，請代我安排一下吧，但請告訴任何人，我不收禮物。」

在相互傳遞消息的情形下，同事必然會替你高興，無論是已經與你熟悉的還是疏遠的，在這種情況下，起碼對你留下良好印象，至於日後如何發展，則有賴你積極的繼續努力。去同事家做客，在進家門之前，先要拍掉身上的灰塵，擦去鞋上的泥土，然後敲門再走進去，雨具、外衣等要放到主人指定的地方。如果主人比自己年長，主人沒坐下，自己不宜先坐下。主人奉茶之後，先擱下來，在談話之間啜飲最為禮貌。主人向自己介紹新朋友時，一定要站起來以表示友好，同時一定要在第一次介紹中記住對方的姓名，免得談話裡不好稱呼。對一些自己不認識的長輩或主管，要主動站起來先自我介紹，讓對方瞭解自己。介紹自己要親切有禮，態度要謙恭，不能自我吹噓。

應酬之中應懂得吸菸屬個人嗜好，有人喜歡、有人討厭，吸菸時一定要徵得別人、特別是女主人的同意，免得引起人家反感。如果主人家未置菸灰缸，多半是禁菸的，要是掏菸點火，讓主人匆忙替你找菸灰缸，是不尊重人的舉動。

同事應酬中沒有永遠的主人、永遠的客人，做個懂禮貌的客人固然重要，但做個能得體待客的主人也要緊得很。事先得知同事將來訪，要提前準備好茶具、菸具。客人進門後，要熱情迎接並請上座。如果客人是遠道而來，要問問是否用過餐。對一般客人，在飯前只給菸茶就可以了，茶壺可以放在桌上，對尊敬的客人或主管，要在另外的屋裡把茶沏好送過去，每次沏茶要倒八分滿，宜於客人飲用。

如果是「不速之客」，也要起立相迎。室內來不及清理，應向客人致歉，不宜當著客人的面趕忙掃地，弄得滿屋灰塵。接待時，要問明來意。比方說：「你今天怎麼抽空來了呢！」對方如答：「有事要麻煩您。」可又不一下子直說出來，那你就不要立即追問，恐怕對方是因為還有其他人在場不好開口，那就不妨改變一下接待方式。總之，禮貌是應酬中絕對不可或缺的要素。

保持最佳距離

在任何時候，只有和同事們保持合適的距離，才會成為一位真正受歡迎的人。

你應學會體諒別人，不論職位高低，每個人都有自己的工作範圍和責任，所以在權力上，千萬不要喧賓奪主，但也不能說「這不是我的事」這類的話，過於涇渭分明，也會破壞同事間的關係。

公私分明也是很重要的一點。同事眾多，總有一兩個跟你特別投機，可能私底下成了好朋友，但不管你的職位比他高或低，不能因為關係好而進行偏護縱容，一個公私不分的人，是成不了大事的，更何況，上司對這類人最討厭，認為這是不能信賴的人，所以你應該知道有所取捨。

與同事相處，太遠了顯然不好，人家會誤認為你不合群、孤僻、性格高傲；

太近了也不好，這樣容易讓別人說閒話，也容易使上司誤解，認為你在搞小團體結幫結派。所以不即不離、不遠不近的同事關係，才是最合適和最理想的。

有人認為好朋友最好不要在工作上合作，這句話有一定的道理。假設公司來了一位新同事，他不是別人，正是你的好朋友，而且他竟分為你的拍檔。如果上司將他交與你，你首先要向他介紹公司分工和其他制度，不能跟他拍肩膀拉關係，以免惹來閒言碎語。

在公司裡，他是你的搭檔，你們倆必須忠誠合作，才會有良好的工作效果。私底下，你們十分瞭解對方、關心對方，但這些表現最好留到下班以後，你們可以跟往常一樣一起去逛街、閒談、買東西、打球，完全沒有分別，只是奉勸你一句，此時少提公事。

還有一種情況就是，當一位舊同事重返公司工作時，你也要注意自己的態度。因為舊人對你和公司都有一定的瞭解，雖然和他並不需要時間去適應，但是首先你得清楚，這位舊同事以前的職級如何、他的作風屬哪類型、與你的關係怎樣？如今重返舊巢，他的地位會有所改變嗎？

如果他以前與你共事過，請不要在人前人後再提以往的事，就當是新同事合作吧，這樣可以避免大家尷尬。要是他過去與你不相干，如今卻成了搭檔，不妨向對他有些瞭解的同事查詢一下他的情況，但注意要裝作輕描淡寫、不留痕跡。

善於傾聽

在交往中，每個人都希望能得到別人的肯定性評價，都在不自覺地強烈維護著自己的形象和尊嚴，如果有人對同事過分地顯示出高人一等的優越感，那麼無形之中是對同事自尊的一種挑戰與輕視，同事的排斥心理甚至敵意也就因此而生。

日常工作中不難發現這樣的同事，他們雖然思路敏捷、口若懸河，可是剛說幾句話就令人感到口吻狂妄，所以別人很難與他苟同。這種人多數都是因為太愛表現自己，總是想讓別人知道自己很有能力，處處想顯示自己的優越感，以為這樣才能獲得他人的敬佩和認可，其實結果適得其反，這樣做只會在同事中失掉威信。

法國哲學家羅西法古說：「如果你要得到仇人，就表現得比你的朋友優越；如果你要得到朋友，就要讓你的朋友表現得比你優越。」這句話很對。當我們讓朋友表現得比我們優越時，他們就會有一種得到肯定的感覺，但是當我們表現得比他們還優越時，他們就會產生一種自卑感，甚至對我們產生敵視情緒。

在這個世界裡，那些謙虛豁達的人總能贏得更多的知己，相反的，那些妄自尊大、小看別人、高看自己的人總是令人反感，最終在交往中使自己到處碰壁。

何先生是某一位很得人緣的骨幹，按說搞人事調配工作很難不得罪人，可他卻是個例外。

在他剛到人事部門時，幾乎在同事中連一個朋友都沒有，因為他正春風得意，對自己的機遇和才能十分滿意，每天都在使勁吹噓自己工作中的成績，像是每天有多少人找他幫忙，哪個幾乎記不清名字的人，昨天又硬是給他送了禮等等，但同事們聽了之後不僅不讚賞，而且還極不高興，後來還是由當了多年主管的老父親點撥，他才意識到自己的毛病到底在哪裡。從此以後便很少談自己而多聽同事說話，因為他們也有很多事情要吹噓，把自己的成就說出來，遠比聽別人吹噓更令他們興奮。後來，每當他與同事閒聊，總是先讓對方滔滔不絕地表現自己的優越感，只有在對方停下來問他的時候，才很謙虛地說一下自己的情況。

老子曾說：「良賈深藏若虛，君子盛德貌若愚。」是說商人總是隱藏其寶物，君子品德高尚，外貌卻顯得愚笨。這句話告訴我們，平時要斂其鋒芒，收其銳氣，千萬不要不分場合地將自己的才能讓人一覽無遺。你的長處短處被同事看透，就很容易被他們支配。

另外還要謙虛一些，謙虛的人往往能得到別人的信賴，因為謙虛，別人才不會認為你對他有威脅，這樣你就會贏得別人的尊重，更好地與同事建立關係，只有這樣，才能永遠受到別人的歡迎。為此，卡內基曾有過一番妙論：「你有什麼可以值得炫耀的嗎？你知道是什麼原因使你沒有成為白癡的嗎？其實不是什麼了不起的東西，只不過是你甲狀腺中的碘而已，價值並不高，才五分錢。如果別人割開你頸部的甲狀腺，取出一點點的碘，你就變成一個白癡了。在藥房中五分錢就可以買到這些碘，這就是使你沒有住在精神病院的東西——價值五分錢的東西，有什麼好談的呢！」

不露聲色地表現自我

善於自我表現的人，常常既表現了自己又不露聲色，他們與同事進行交談時喜歡用「我們」而很少用「我」，因為「我」給人以距離感，而「我們」則使人倍感親切。因為「我們」代表著對方也參加的意思，能給人一種「參與感」，還會在不知不覺中把意見相左的人劃為同一立場，並按照自己的意圖影響他人。

真正善於自我表現的人從來沒有停頓的習慣，因為停頓的語氣可能被看成是猶豫，也可能讓人覺得是一種敷衍、傲慢的態度，很令人反感。

真正的展示教養與才華的自我表現本來無可厚非，只有刻意地自我表現才是最愚蠢的。如果我們不過是要在別人面前表現自己，而使別人對我們感興趣的話，我們將永遠不會有許多真實而誠摯的朋友，所以真正的朋友並不是以這種交往方法來獲得的。

表現自己並沒有錯，在當今社會，充分發揮自己、充分表現出自己的才能和優勢，是適應時代挑戰的必然選擇，但是表現自己必須分場合、形式，如果過於表現，使人看上去矯揉造作，一點都不自然，好像是做樣子給別人看似的，那就要另當別論。

志清是一家大公司的高階職員，平時工作積極主動，表現良好，待人也熱情大方。不過有一天，一個小小的動作卻使他的形象在同事眼中一落千丈。

當時在會議室裡，許多人都等著開會，其中一位同事發現地板有些髒，便主動拖起地來。而志清似乎有些身體不舒服，一直站在窗台邊往樓下看。突然，他急步走過來，叫那位同事把手中的拖把給他，同事不肯，志清卻執意要求，那位同事只好把拖把給了他。

志清把拖把接到手剛過一會兒，總經理便推門而入，而他正拿著拖把勤勤懇懇、一絲不苟地拖著。從此，大家再看志清時，頓覺他虛偽了許多，從前的良好形象被這一個小動作丟得一乾二淨。

有許多人往往不善於掌握熱忱和刻意表現之間的區別，他們總把一腔熱忱的行為搞得像是故意裝出來的，也就是說，這些人學會的是表現自己，而不是真正的熱忱。

熱忱絕不等於刻意表現，刻意的自我表現會使自然變得做作、熱忱變得虛偽，最終的效果是適得其反。

許多人在談話中不論是不是以自己為主題，總是有突顯自己、表現自我的毛病。這種人雖說可能被人誤認為具有辯才，但是也可能被認為是口無遮攔、輕浮等等，最終總會暴露出他的自我顯示欲，而使別人產生排斥感和不快情緒。

同事間的競爭

我們必須承認，同事之間存在競爭的利害關係，這在一些合資公司，特別是外商公司裡極為明顯。追求工作成績、希望贏得上司的好感、早日升遷，以及其他種種利害衝突，使得同事間自然地存在著一種競爭關係，而這種競爭在很大程度上，又不是一種單純的真刀實槍的實力較量，而是摻雜了個人感情、好惡、與上司的關係等等複雜因素。它是一種變態、扭曲的運動會，其中有多種可能影響成績的因素：表面上大家同心同德、平平安安、和和氣氣，內心卻可能各打各的算盤，導致同事之間關係的緊張。

換一種角度，我們也必須承認，同事之間如果沒有競爭，可能會失去共事的意義。許多有才幹的人，往往希望有一位強勁的對手，因為有了競爭才能享受工作、享受進步。

美國史丹佛大學心理系教授羅亞博士認為：人人生而平等，每個人都有足夠的條件成為主管，但必須懂得一些待人處事的技巧，且提出如下七條建議：

1. 無論你多麼能幹、多麼自信，也應避免孤芳自賞，更不要讓自己成為一個孤家寡人。在同事中，你需要找一兩位知心朋友，平時大家有個商量，互通聲氣。

2. 要想成為眾人之首，獲得別人的敬重，你要小心保持自己的形象，不管什麼問題，不必驚惶失措，凡事都有解決的辦法。你要學會處變不驚，擁有能從容面對一切難題的本領。

3. 當你發覺同事中有人總是跟你唱反調時，不必為此耿耿於懷，這可能是「人微言輕」的關係，對方以「老資格」自居，認為你年輕且工作經驗不足，你應該想辦法獲得公司一些前輩的支持，讓人對你不敢小視。

4. 若要得到上司的賞識與信任，首先你要對自己有信心，自我欣賞，不要隨便對自己說一個「不」字；儘管你缺乏工作經驗，但不必感到沮喪，只要你下定決心把事情做好，必定有出色的表現。

5. 凡事須盡力而為，也要量力而行，尤其是你身處的環境中，不少同事對你虎視眈眈，隨時準備找出你的錯誤，你需要提高警覺，按部就班地把工作做好，創意配合實際行動，是每一位成功人士必備的條件。

6. 利用時間與其他同事多溝通，增進感情，消除彼此之間的隔膜，有助於你的事業發展。

7. 不要太敏感。敏感本是一種機體功能和良好的體態反應，是我們生理健康與心理健全的標誌之一。可是，過於敏感，就是一種扭曲的心理、不好的預兆了，它在人際交往中，是很令人討厭的一種行為，很容易使人產生誤會和厭煩。

同事之間由這種過於敏感引發的問題很多。比如，人家一揚眉，你就覺得人家看不起你；人家一撇嘴，就說人家討厭你了；人家說的話本沒有什麼惡意，經你一番揣測，衝突就出現了；人家在說自己的悄悄話，你便懷疑是在說你的壞話。

總而言之，別人的一舉一動都以為是針對自己，敏感得連對方一聲噴嚏都是對你的不敬，對方一斜眼、一回頭都是對你的鄙視，這種極端的敏感真可謂「神經過敏」，這種心理會使你在同事間成為一個人人惹不得的「怪物」。

交際是一種習慣：10倍速的人脈經營術

作　　者　孫大為

發 行 人　林敬彬
主　　編　楊安瑜
副 主 編　黃谷光
編　　輯　許光璇
美術編排　許光璇
封面設計　高鍾琪
編輯協力　陳于雯、曾國堯

出　　版　大都會文化事業有限公司
發　　行　大都會文化事業有限公司
11051台北市信義區基隆路一段432號4樓之9
讀者服務專線：(02) 27235216
讀者服務傳真：(02) 27235220
電子郵件信箱：metro@ms21.hinet.net
網　　　址：www.metrobook.com.tw

郵政劃撥　14050529 大都會文化事業有限公司
出版日期　2016年10月初版一刷
定　　價　250元
I S B N　978-986-5719-87-6
書　　號　Success-085

First published in Taiwan in 2016 by
Metropolitan Culture Enterprise Co., Ltd.
4F-9, Double Hero Bldg., 432, Keelung Rd., Sec. 1, Taipei 11051, Taiwan
Tel: +886-2-2723-5216　Fax: +886-2-2723-5220
Web-site: www.metrobook.com.tw
E-mail: metro@ms21.hinet.net

國家圖書館出版品預行編目（CIP）資料

交際是一種習慣：10倍速的人脈經營術 / 孫大為著.
-- 初版. -- 臺北市 : 大都會文化, 2016.10
256面; 14.8×21公分

ISBN 978-986-5719-87-6(平裝)

1.人際關係　2.成功法

177.3　　105017514

大都會文化 讀者服務卡

書名：**交際是一種習慣：10倍速的人脈經營術**

謝謝您選擇了這本書！期待您的支持與建議，讓我們能有更多聯繫與互動的機會。

A. 您在何時購得本書：______年______月______日

B. 您在何處購得本書：____________書店，位於____________(市、縣)

C. 您從哪裡得知本書的消息：

1.☐書店 2.☐報章雜誌 3.☐電台活動 4.☐網路資訊

5.☐書籤宣傳品等 6.☐親友介紹 7.☐書評 8.☐其他

D. 您購買本書的動機：（可複選）

1.☐對主題或內容感興趣 2.☐工作需要 3.☐生活需要

4.☐自我進修 5.☐內容為流行熱門話題 6.☐其他

E. 您最喜歡本書的：（可複選）

1.☐內容題材 2.☐字體大小 3.☐翻譯文筆 4.☐封面 5.☐編排方式 6.☐其他

F. 您認為本書的封面：1.☐非常出色 2.☐普通 3.☐毫不起眼 4.☐其他

G. 您認為本書的編排：1.☐非常出色 2.☐普通 3.☐毫不起眼 4.☐其他

H. 您通常以哪些方式購書：(可複選)

1.☐逛書店 2.☐書展 3.☐劃撥郵購 4.☐團體訂購 5.☐網路購書 6.☐其他

I. 您希望我們出版哪類書籍：（可複選）

1.☐旅遊 2.☐流行文化 3.☐生活休閒 4.☐美容保養 5.☐散文小品

6.☐科學新知 7.☐藝術音樂 8.☐致富理財 9.☐工商企管 10.☐科幻推理

11.☐史地類 12.☐勵志傳記 13.☐電影小說 14.☐語言學習（____語）

15.☐幽默諧趣 16.☐其他

J. 您對本書（系）的建議：

K. 您對本出版社的建議：

讀者小檔案

性名：____________ 性別：☐男 ☐女 生日：____年____月____日

年齡：☐20歲以下 ☐21～30歲 ☐31～40歲 ☐41～50歲 ☐51歲以上

職業：1.☐學生 2.☐軍公教 3.☐大眾傳播 4.☐服務業 5.☐金融業 6.☐製造業
7.☐資訊業 8.☐自由業 9.☐家管 10.☐退休 11.☐其他

學歷：☐國小或以下 ☐國中 ☐高中／高職 ☐大學／大專 ☐研究所以上

通訊地址：____________

電話：（H）____________（O）____________ 傳真：____________

行動電話：____________ E-Mail：____________

◎謝謝您購買本書，歡迎您上大都會文化網站（www.metrobook.com.tw）登錄會員，或至Facebook（www.facebook.com/metrobook2）為我們按個讚，您將不定期收到最新的圖書訊息與電子報。

交際是一種習慣

10倍速的人脈經營術

北區郵政管理局
登記證北台字第9125號
免貼郵票

大都會文化事業有限公司
讀者服務部 收
110台北市基隆路一段432號4樓之9

寄回這張服務卡〔免貼郵票〕
您可以：
◎不定期收到最新出版訊息
◎參加各項回饋優惠活動